U0111674

大展好書　好書大展
品嘗好書　冠群可期

大展好書　好書大展
品嘗好書　冠群可期

武術特輯

1

陳式
太極拳入門

馮志強／編著

大展出版社有限公司
印行

令人讚佩的風格

徐　才

　　1988年，在≪陳式太極拳精選≫一書付印之前，我曾為之作序，寫了≪為弘揚中華武術著書立說≫的短文，旨在提倡武術的專家、學者們精研武術，撰文著書，把武術的「上層建築」營造起來。令人喜悅的是，這幾年已有不少武術圖書、影像相繼問世，武術學術研討氣氛益濃。這裡，在馮志強先生的新著≪陳式太極拳入門≫即將面世時，我願再度作序以示祝賀並略陳管見。

　　在本書提示中，人民體育出版社編者說明此書有些列題是「以往秘不外傳的竅要和成功經驗之談」，對馮先生這種風格我深為讚佩，認為是應推廣發揚的武界佳風。

　　武術作為中華民族的一份寶貴文化遺產，是獨具風骨、自成體系的一門人體科學，把它看作是東方文化的一顆明珠，可說當之無愧。當然，任何事物在其發展繁衍過程中，都有某時代的侷限性。在中國漫長的歷史中發展起來的武術，即有中華民族優秀傳統文化的滲透，也有長期封建社會泛渣的侵蝕。在社會生產力低下，文化落後，交通不便的自然經濟社會，武術的發展受到諸種不利因素的限制。就拿傳授武術的方式來說，主要是師傅帶徒弟，以口傳心授方法教習，以契約形式確立師徒關係。由於以血緣為紐帶的宗法制度和封建禮教的影響，師徒關係也帶有濃厚的封建宗法色彩。傳授中的封閉性、保守性、神秘性，幾乎在各種門派武術中都有所表現。只有少數開明武師能夠容百家，採眾長，並無保

留地把絕招妙技傳授給徒弟。封建社會人與人的關係險詐狡點，師徒之間也常有互嫉相妒之事。如今武術已成為現代體育的一個項目，不再是古代用作殺傷的手段，而是一種健身的方法，如果秘不外傳或保留一手，只會使高超武技失傳斷代。何況在武術走向世界的今日，我們的責任是把武術這份優秀文化遺產奉獻給世界，造福於人類，那種封閉性、保守性更是很不可取的。

　　在面向世界、面向未來的廣闊空間和久恆時間的大跨度裡，中國武術家的光榮責任是把武術文化遺產，經過深入的挖掘、整理、研究，使它科學化，把科學的武術傳之於後人，傳之於世界。國外的愛武習武者中不少人所追求的，一是精湛的武技；二是透過武術追求中國優秀的傳統文化。他們要練武技，還要學武德，進而要學武魂，尋找東方的智慧。美國紐約一所武術學校的校長帶著一批學生訪問中國後寫了一篇文章，講了這次旅行的動機和效果。動機，他說：「下決心帶一部分學生來到中國，以便幫助他們尋找真正的武術傳統、文化、哲學和精神，進行武術尋根。」效果，他說：「這次旅行賦予了我更多的智慧，完善了我的人生。」請看，這不是深刻地反映了外國人對中國武術深沈的呼喚嗎？武術這塊文化瑰寶已經走出國門奔向世界，奔向未來。熱切希望中國武術界的有識之士以天下為己任，把自己的技術、知識、經驗和體察，形成文字、形成影像傳布於世。

1992年6月
（本文作者是中華全國體育總會
副主席、中國武術協會顧問）

前　言

　　近年來，太極拳運動日益普及。許多人喜愛這項運動，卻不明白練習的步驟和深造的途徑，雖下了許多功夫仍不得其門而入。為此渴望有一種簡便易行、行之有效的練習方法引導「入門」。

　　為滿足廣大愛好者的需求，應人民體育出版社之邀，我反覆搜索、回顧自己幾十年間行功練拳的切身體會、從中遴選出一些形式簡單、見效快的功法和拳架動作編成了這本太極拳入門讀物。

　　本書前一部分從無極站樁功入手，介紹意守丹竅的部位和具體方法，使練習者逐步意識和捕捉到體內氣血周流的感覺，並通過意識與動作的結合，將「練拳先從無極始，陰陽開合認真求」落到實處。

　　後一部分則從「外形螺旋路線」和「意氣運行路線」兩方面入手介紹「混元二十四式太極拳」的動作過程，以期使讀者對太極拳內外合一、週身一家的運動特色有所認識並能由此途徑逐漸入門，進而求達得內氣、長內功、增內勁和健身、袪病、養生之功效。

　　本書在編寫過程中，曾得到王潔、馮秀芳、王鳳鳴、薄世勛等同志的協助，均此致謝。

馮志強

1992年1月

目　　錄

一、入門須知

學習太極拳，應該明確以下幾點：

一、不可自專自用，固執不通。若專求力則凝滯不靈，專求重則圓轉不活，專求氣則拘泥不通，專求輕則神意渙散。要言之，身外形順，無形中自增力感，心內中和，無形中自增靈感。練至功行圓滿時，凝神於丹田則身重如山，化神成虛靈則身輕如羽，得其妙道，若有若無，若實若虛，勿忘勿助，不思可得，無形而生成神奇，力活氣順，虛心實腹，久練自達化境。

二、不可心躁氣浮，急於求成。心不靜則神不寧，心腎不交則神氣不通。心要靜，心靜神自寧，神寧心自安，心安氣自行，神氣相通，萬象歸根。靜練出真功，功夫長進快。靜養靈根氣化神，處處靜，時時靜，行立坐臥不離靜，靜中求動生太極，不靜不見動之奇。

三、不可不知養，太極不太和，欲速則不達。練拳不知養，易傷不易長。練拳不懂養，百練功不長。十年練拳，十年養氣，氣以直養而無害。太極拳以養為本，以慢為宜，慢練為養，養氣、養神、養性、養身；快練為傷，傷氣、傷神、傷心、傷身。須清心寡欲，平心靜氣，太極太和，自然達到練精化氣，練氣化神，練神還虛，虛至虛靈之境。　　　　幹

四、不可心存打人念。否則，心動神去無所依，神杳氣散無所歸，好勇鬥狠失心和。妄念一起，橫氣自生，肝氣不平，陰陽不和，水火不濟，久之五勞七傷與身俱存，稍有病

痛則齊發而至，是為大害。練拳時，應壹志凝神，主於敬，養其誠，洗心滌慮，平心靜氣，一念無所思，一物無所著，而養浩然正氣，久久功至，瓜熟蒂落，水到而渠成。

五、不可努氣用力，努則力剛易折，氣易阻隔於胸，肺被排擠，久之必得胸憋肺炸之病。若用拙力，則周身血脈不能通順，筋骨不能舒暢，全身拘謹，四肢不活。身為拙氣所滯，滯於何處則何處成病，當時不覺，必於後發。總要力活形順，圓滿無虧，積柔成剛，一片神行。

六、不可挺胸、收腹、突臀、全身僵直，否則氣逆行而上，不能歸於丹田，雙足似萍草無根，且心腎不交，神氣不合。陰陽不和則萬法不至。周身放鬆，脊柱豎直，鬆腰斂臀，鬆胯圓襠，虛心實腹，則中氣貫通，太和之氣才能浩行。

二、入門指引

「練拳須從無極始，陰陽開合認真求」。這是前輩太極拳家對太極陰陽哲理及太極拳理的高度總結和深刻概括，對怎樣練好太極拳具有普遍的指導意義。

這句話既指出了習練太極拳的入門途徑「須從無極始」，就是說練太極必先求無極，先練無極後成太極；不入無極圈難成太極圈；又指明了「陰陽開合」是太極拳的核心，陰和陽的對立統一就是太極，開合是使陰和陽矛盾的雙方達到統一的方法，即開合運陰陽，所以認真細心地求「陰陽開合」是練好太極拳的關鍵。

這句話還揭示了太極拳的內功拳性質：第一，動靜相兼，即靜中生動，動中求靜，靜中有動，動中有靜；第二，內外俱練，即既練內功又練外功，即練太極之氣又練太極之形；第三，性命雙修，即既練先天又練後天，即練神又練精與氣。用這句話作為習練太極拳、乃至修練太極功夫的入門指引，是再恰當不過的了。

㈠練拳須從無極始

為什麼說「練拳須從無極始」，或者說練太極必先求無極呢？不從無極入門，抑或不先求無極，能不能練成太極拳呢？要回答這一問題，首先於理要明無極、太極、陰陽的含義，所謂「練拳須明理，理通拳法精」即此意。

　　太極者，無極而生、陰陽之母、天地萬物之始也。古人認為：「天下萬物生於有，有生於無」，「太虛之初，廓然無象，天地未開，混沌未分，陰陽無形，動靜無始，元氣混而歸一」。其形無可名，古人將此名之無極，並以一個空圈象形之，來說明無極的含義是：空空洞洞、混混沌沌、無色無象、無聲無臭、無端無形，無一物而包萬物。所謂無一物而包萬物的意思就是無極生太極、太極生萬物之理已寓其內，即古人謂「象數未形理已具，未有天地之先，畢竟先有此理」。無極的本質特徵是「靜」，即內外俱靜。

　　古人又認為：「太極生於無極」，「太極本無極，自無而有，生化肇基，化生於一，是名太極」。太極的含義是「由無極而現有機，遂太極生焉；「雖無形聲而幾朕已兆，陰陽雖未分而分之機已動」。太極的本質特徵是：靜極生動，外靜內動，靜中有動。

　　太極動靜而陰陽分，動靜便是陰陽，陰陽便是太極。所以古人認為：「化生已兆，必分陰陽，陰陽既合，必有發生」。太極分開來，只是一陰一陽，陰陽分而天地立；陰根於陽，陽根於陰，陰陽相合，萬物化生。根據這一思想，古人在無極的空圈內畫了一對動靜旋轉開合對稱的黑白魚，分別代表陰陽二氣，黑者為陰儀，白者為陽儀：黑中含一白點為陰中有陽，白中含一黑點為陽中有陰，以此來說明陰陽開合旋轉互為其根、互相調濟而滋生萬物的交合之理。這就是相傳至今的陰陽太極圈。其本質特徵是：陰陽互濟，動靜相兼。

　　總起來說，就是無極一動生太極，太極動靜陰陽分，陰陽開合萬物生，生生不息理循環。這就是太極陰陽之理，也就是古人編造太極拳的理論依據，亦是今人習練太極拳的理論指導。

　　明白了上述的道理以後，就要在理的指導下，從無極開始生太極，由無極入門練太極。求無極的方法就是靜站無極椿。選擇環境幽靜、空氣清新之處，自然站立，週身放鬆，屏除雜念，收心求靜，逐漸使自己心定神寧，身心虛靜，物我兩忘，一念無思，一物無有，軀體如同虛空無物一般，而進入一片空空洞洞的無極景象。如此靜心站立靜待其動，純任自然，待到至虛至靜時，復有一點靈犀生於氣海之中，由無極而現有機，靜極生動，動則太極生焉。要堅持不輟、時無間斷地靜站久站，於無形中漸生太極一氣，於無形中漸漸感而遂通，則功力與靈氣俱增也。

　　其次，於拳須明太極拳的性質，太極拳是內功拳，以修煉內功為本，內外俱練，內壯神勇，外強筋骨。太極拳的內功威力是靠太極拳的剛柔內勁來體現的；太極拳的內勁是拳術的統帥和核心，拳若無勁，其術無用，而太極拳的內勁是以精、氣、神為物質基礎的，精滿氣足神聚，則內勁自然渾厚虛靈。其用時，勁貫著中，功助拳威，要剛有剛，要柔有柔，剛柔兼至，忽隱忽現，疾如閃電，驚似炸雷。拳諺云：拳無功，一場空；力不敵法、法不敵功。內功為武術之根本，得其一而萬事備。沒有充足的內氣，武術的威力是不能體現出來的。所以，太極拳特別注重內功的培養，以功為本，以養為主，以拳為母，三者合一，方能成功。

　　練內功，首先是練內氣。氣為勁之體，勁為氣之用。內氣足則內勁足，內氣不足則勁疲軟。練內氣的功法很多，而靜椿無極椿是練內氣的首要功法和築基功法。所以先求無極就是先求內功，就是要先培養和壯大內氣。通過靜站久站無極椿，逐漸培養和強壯內氣，充實丹田，行通經絡，佈滿週身，身體猶如充滿了氣的皮球，渾身形成富有彈性的掤勁；

再結合陳式太極拳獨特的螺旋纏絲的方法，使內氣纏繞運行於肌膚骨節之中，斂入於骨髓之中而形成陳式太極拳特有的剛柔相濟的纏絲內勁。通過靜站久站無極樁，可使上體更為虛靈，下體更為穩固，上虛下實，沈重如山，不懼他人推倒；而又身心虛靜，內外嚴整，上下合一，周身一家，在行拳走架時，就能合乎上下相隨，節節貫通，一動無有不動的太極拳整體運動的要求。

再次，太極拳是意氣神形運動，要求以意行氣、意氣相合；以氣運身，神形合一。心為令而氣為使。內氣如水，意似引水之渠，意領氣行而水流。若沒有一定的水量即內氣，何以引水而成流？有了充足的內氣，才有可能以意行氣、以氣運身，才能意到氣到勁自然到。太極拳以培氣、養氣、聚氣為首要，以行氣、運氣、通氣為法則，以壯氣、混元一氣為宗旨。所以，練太極拳先要培氣、養氣、聚氣。這不僅是拳術之道的需要，而且是養生之道的需要，功法、拳法、養生法三法合一才是太極拳的真諦。先求無極是培養內氣，陰陽開合是運行內氣，胸腹折疊是運化內氣，螺旋纏繞是混元內氣，太極內勁全憑內氣，養生保健全靠內氣。

由此可見「太極入門在無極，練拳須從無極始」之語非虛。

㈡陰陽開合認真求

演練太極拳的過程，就是意氣神形合一地描繪陰陽太極圖、運行太極陰陽之理的過程。通過升降循環、虛實開合，使陰陽二氣盈虛消長、互相調濟，在若有若無、不即不離、不偏不倚之中，擇其中和之道而行之，逐漸達到循環無端、

動靜無始、渾然無跡、剛柔相濟、虛至虛靈的太極太和之境，即始於無形，成於無跡，復歸太極原象。

太極陰陽之理大者可比天地。天乃乾而積氣覆於下，地乃坤而托質載於上，覆載之間相去甚遠，氣質不能相交。天以乾索坤而還於地中，其陽負陰而上升；地以坤索乾而還於天中，其陰抱陽而下降，一升一降，運其陰陽循環之理，陰中有陽，陽中有陰，所以天地長久。天地陰陽交合而生三才，三才者天、地、人，上天下地人居其間，人稟三才之中氣，為物之最靈。

太極陰陽之理小者可比人身。以心比天，心屬火在上為陽；以腎比地，腎屬水在下為陰，心腎相去八寸四分，若使心火下降，心腎相交，水火既濟，陰陽交合，腎水得心火薰蒸，「水中火發，雪里花開」則氣生。以氣比陽，以液比陰，氣自液中生，液自心中降，氣中有水，水中有氣，即陰中有陽，陽中有陰，練精化氣，還精補腦，一升一降，周天循環，陰陽調和，人自長壽。陰陽調和而生三才，三才者精、氣、神。神者心中之神，精者腎中之水，氣者心腎之中氣也。拳憑中氣足，武術有威力。所以人同天地，萬物不離陰陽循環之理。

練太極拳亦不外此理，拳雖小道而本於太極正道。通過虛心實腹、氣沈丹田、虛領頂勁、中正不偏、主宰於腰和舌抵上顎、會陰內收等諸多要領，逐漸使心腎相交，水火混融、陰陽和合、真氣積蓄，並通過胸腹開合折疊，使真氣溝通任督兩脈而升降循環、周天運行，中氣存於中，虛靈含於內，則無所不應也。

太極兩儀，動之則開，靜之則合。動靜便是陰陽，陰陽便是太極。開者為動為陽，合者為靜為陰。而又開中有合，

合中有開，陰中有陽，陽中有陰。一動一靜，互為其根；一開一合，陰陽互濟，動靜開合運其陰陽之理。先求無極是靜中求動之法，由無極而生太極之一氣；行氣走架是動中求靜之法，由開合而運陰陽之二氣，使神氣合一，渾灝流行。

　　太極拳運動，無非開合二字，「一開一合，拳術盡矣」，故太極拳亦稱開合拳。觀上下、左右、前後、升降、屈伸、往來、虛實、順逆、進退、卷放、蓄發、鬆緊、呼吸、吐納……之中無不有開合。處處有開合，時時有開合。開合無處不在，陰陽無時不見。開之則陰陽相分，清升濁降；合之則陰陽相交，混融相抱。一開全開，意氣神形俱開；一合全合，意氣神形皆合。而又開中有合，合中有開，陰陽互濟，太極為真。

　　細研之，開合有內開合與外開合。內開合即氣機之開合，一開百脈皆開，一合百脈皆合；外開合即機體之開合，一開四肢全體皆開，一合四肢全體皆合。外開合以內開合為本，內開合以外開合為助，內外合一則內氣充於肌膚，入於骨髓。內外開合又各有所主。內開合以丹田開合呼吸為主；外開合以胸腹開合折疊為主。丹田乃生氣之舍、氣動之源，前丹田氣之海，後丹田氣之根。丹田開合呼吸，就是丹田自然呼吸法，亦稱先天呼吸法，前後丹田開合呼吸推拉則內氣得以鼓蕩發動，中氣得以達於臍下；顯於外則是腹式呼吸。丹田呼吸是自然發動的，當練到一定的火侯，丹田才能開合呼吸，非有意用腹部呼吸。胸腹乃乾坤兩卦，胸腹開合即為陰陽乾坤之道。一身之開合首在胸腹，胸腹開四肢開，胸腹合四肢合。胸腹開合折疊，丹田開合吸引，任督兩脈得以溝通，十二經脈得以貫疏，內氣流轉，通遍全身。陰陽二氣並行不悖而相合成一氣，擇其中和之道而開合，久久練習，自歸太極之原象。

三、入門說要

　　太極拳入門的途徑找到了，並不等於就能練成太極拳。練拳須從無極始。每天靜站無極樁是進入陰陽太極圖的一把鑰匙，但如何開啟和走入太極殿堂的大門，還須在太極陰陽的道理指導和明師的指點下掌握正確的習拳練功要領和方法，勤學苦練和悉心領悟，並與志同道合者相互切磋，持之以恆，才能一步一步地走向太極殿堂大門。

　　為了便於太極拳愛好者學習和鍛鍊，茲將有關習拳練功的要領和方法，敘述如下：

(1)心神虛靜貫始終

(2)中正不偏一氣存

(3)以意行氣心為主

(4)鬆沈入手求柔順

(5)內外合一上下隨

(6)虛實轉換全在腰

(7)一鬆一緊濟剛柔

(8)渾身俱是纏絲圈

(9)胸腹折疊運開合

(10)拿住丹田練內功

(11)靜心慢練是活樁

(12)會練會養能成功

㈠心神虛靜貫始終

太極拳是靜中求動、動中求靜、動靜相兼的運動，以虛靜為本體，亦以虛靜為極致。無論是先求無極的靜中生動，還是行拳走架的動中求靜；不論是養生保健的靜養靈根，抑或是推手較技的動靜相因，都離不開「虛靜」二字，都是以「虛靜」貫穿始終的，即始於靜而又歸於靜。可以這樣說，虛靜的程度反映了習練者太極功夫的程度，太極拳功夫的提高取決於虛靜功夫的深入。從這個意義上來說，虛靜功夫就是太極拳功夫，虛則無所不容，靜則無所不應。正如拳經所云：「太和元氣到靜時，不靜不見動之奇」。

虛靜，首先是心能虛靜。心為一身之主宰，心能靜則全體皆靜，心能虛則周身皆虛，五官百骸皆從心也。身心虛靜則神能安寧，神即心中之神。神寧心靜則念有所止，氣有所歸，一念無思，一物無有，周身內外一片空靈，中氣存於中，虛靈含於內，靜待其動。

靜待其動有三層意思：一是在靜站無極樁時或行拳之前的無極式中的靜待「機」動，即先天之機的發動，氣動則太極生，此時開始練拳為最妙。二是在行拳時，一勢既完時靜待下一勢的「勢」動，則動而復靜，靜中有預動之勢，內氣若能運到十分充足則下勢之機自然躍躍欲動，勢有回環而一氣流通。此處尤須注意，不可半途折返。三是在推手較技時的靜待「彼」動，即捨己從人之謂，彼不動，己不動；彼微動，己先動。推手較技時，若能身心虛靜，則精神內固，氣不散亂，神氣合一，意在人先，感覺靈敏，人不知我而我獨知人，以靜制動，後發先至。

　　太極拳架的練習既是動中求靜，亦是靜中有動，即雖動而靜，視動猶靜。待拳勢動作純熟、通順、連貫、協調以後，要平心靜氣地用意運氣，輕輕開始，慢慢運行，默默停止，靜心想著陰陽開合，靜心聽著天機流動，靜心看著浩氣流轉，周身上下渾然不覺，四肢百骸蕩然無存，「不知身之為我，我之為身」，惟有心中一片覺明景象，逐漸達到始於無形、歸於無跡的太極和之原象。

　　太極拳功夫包括兩個方面，一是袪病延年的養生功夫，一是強身防身的技擊功夫，二者統一方能顯出太極拳的功效。太極拳之所以有顯著的養生功效，究其原因就在於貫穿始終的心神虛靜。無論是站樁、活樁、單操單練還是套路練習時，都要思想集中，精神蘊蓄，心靜神寧，雜念不起，全神貫注於「陰陽自然開合、天機自然運行」之中，逐漸達到練功入靜、動中有靜的效果，而且越練越虛靜，物我兩忘，一片神行，使大腦得到充分的休息，消除疲勞，而又益智補腦，使中樞神經系統得到更好的調節，血液循環、新陳代謝的能力得到提高，從而較好地調整臟腑機能，調節生理，達到最佳狀態，增強體質，有病則除，無病強身，延年益壽。

　　所以心神虛靜貫始終是習拳練功之首要。亦可稱之為「總綱」。

㈡中正不偏一氣存

　　太極之道即中庸之道，不偏不倚，無過無不及。拳雖小道，而本於太極正道。無論於內於外、於神於形、於體於用，凡一陰一陽都要擇中而行，一開一合都要擇中而運，一收一放都要由中而發，一虛一實都要居中而換，一動一靜都要

從中而變，總之都要以中和之道而行之，使全身上下中氣貫通，周身內外一氣流轉。無所偏倚則不懼他人推倒，無過無不及則不犯頂、匾、丟、抗之病，中氣貫足則物來無不順應。

不偏不倚，無過無不及即「中正」之謂。「打拳原是備身法」，中正在身法上的體現就是立身中正，無所偏倚。自頂而踵上下一線，周身內外左右平準。其中以軀體的中正為主，四肢的中正雖為輔而又左右著軀體的中正。因此中正是全身的中正。人體有三節之分，上肢為梢節，軀體為中節，下肢為根節；全身又有五弓之備，兩臂是兩張弓，兩腿是兩張弓，軀體是一張弓。若能使三節貫穿成一節，五弓齊備而合一，則全體中正不偏也。

其一在於「頭正項豎、虛領頂勁」。頭為六陽之首，一身之主，頭正則身軀自然中正端凝；項豎則腦後二大筋自然豎直，腦後二大筋間乃佐中氣上下流通之路；頂勁虛領則全體精神自然領起，中氣貫注神貫頂。虛者，虛虛領起，惟意思而已，不可過亦不可不及，過則氣留於腦中，不及則氣滯於胸中，久之皆成病。

其二在於「胸空腹實，上虛下實」。心要虛靜，胸要鬆空，心虛則胸空，胸空則橫膈膜下降，左右兩肋下沈，腹部自然充實；氣沈於丹田則上虛下實，上體鬆活圓轉，下體固若磐石，而又平心靜氣，則濁氣自然下降至足底，清氣自然上升至頂心，清升濁降，陰陽分清。

其三在於「塌腰斂臀、脊柱豎直」。腰為上下體之樞紐，腰要鬆又要虛，腰能鬆虛而後能塌；塌腰又須斂臀，臀部不收斂便不能塌腰；斂臀勿忘提會陰，會陰上提下不漏氣；塌腰斂臀則腰勁下貫，上體虛，中部活，下體沈穩，全體之

勁能合於丹田；斂臀則骶骨有力，尾閭中正，配合虛領頂勁，則脊柱自然豎直對準，後腰命門處自然開張，中氣貫於脊中，上自百會，下達會陰，如一線穿成，則身弓備也。

其四在於「兩肩鬆開，沈肩墜肘」。兩臂能否圓轉全在兩肩，肩為臂之樞紐，兩肩不能鬆開，則轉關不靈；兩肩應放鬆下垂，功久骨縫自開，兩臂如在肩上掛著一般。中氣貫注於兩肩骨縫之中，則能沈肩，由兩肩骨縫而行於兩肱之中，則兩臂沈著虛靈；沈肩必須墜肘，肘不下墜則肩不得沈，氣上浮而不得力，周身之勁合不住，且影響軀體之中正；墜肘有助沈肩，肩、肘、手三節能節節貫通，達於指梢則臂弓備也。總而言之，無論兩臂兩手如何運轉，或上或下、或左或右，都要沈肩墜肘。

其五在於「坐胯屈膝，垂直相對」。兩腿的樞紐在兩胯。兩胯的重要性遠不僅如此。腰勁能否下貫、周身能否相合、上下能否相隨、中氣能否貫通、虛實能否轉換、一身能否中正、左右能否平準皆在兩胯。胯和腰是相關聯的，言胯必及腰，言腰必及胯，所以稱「腰胯」。首先，兩胯要鬆開，鬆開則圓襠，所謂開胯圓襠即此意。兩胯鬆開並非岔開，如兩胯骨縫不鬆開，則雖兩腿岔開襠仍不會圓。圓襠消息在外腎陰囊兩旁，襠圓則回轉皆靈，上下亦能合住勁。又要鬆胯下坐，能坐胯則足能平實踏地而自然抓地，落氣到足底自然穩種如山。所謂「似坐非坐」即在此。足若不能平實踏地，則須從胯中調整。還要能落胯，坐胯為實，落胯為虛，能坐能落，有實有虛，有虛實自有中定，一身重心首繫於此，而後達於足底。屈膝全在坐胯，胯能坐便自然能屈膝。切不可只屈膝不坐胯，屈膝的高度應由坐胯的程度來定，總須垂直相對，留有伸屈變化的餘地而轉動皆活。屈膝不可過，襠部

、臀部低於膝部謂之過，膝尖超出足尖亦謂之過，過則有失中正，易受制於人；過則轉關不靈，無所適從；過則膝部受損，久之則成病；過則憋氣不通，難貫足底；過則勁路隔斷，不能完整一氣。總而言之，腿三節須「六斷」，胯、膝、腳三節似斷似連，形斷內聯，中氣貫注於下肢骨髓之中則腿弓備也。

中正不偏其實「非形跡之謂，乃神自然得中之謂也」。中氣貫於心腎之中，通於脊骨之中，行於四肢骨髓之中，心神中正則形體自然不偏不倚，運勁自然無過無不及，正時亦正，斜時亦正。譬如「擊地捶」定式，身形雖斜，然自頂而背而腿而足成一斜直線，中氣貫穿而斜中寓正。所以中正不偏全在「以心中浩然之氣，運於全體，雖有時形體斜倚，而斜倚之中自有中正之氣以宰之」。上下一氣貫通，內氣一氣流轉，自然中正不偏。習拳練功須以此為準則，不論站樁、活樁、行氣走架都要中正不偏一氣存。

㈢以意行氣心為主

打拳全憑心意用功，運化全在一心之中。古人認為：心為一身運行之主宰，五百骨骸無不聽命於心，並以「心意君來骨肉臣」作形象比喻。按現代運動學的觀點，全身神經系統皆受大腦中樞神經的指揮。習拳練功或推手較技時，心有所感，意必致動，就是大腦中樞神經系統的「司令部」，接到各感官系統傳來的「信息」，在一瞬間作出判斷、處理，並將結果（指令），通過神經系統迅速地傳導到各運動部位而作出相應的反應。所以，心意一動則全體皆動，心神一靜則全體官骸無一不靜；心神放鬆則周身內外皆放鬆，心神緊

張則筋肉皮骨無不緊張；心想開合則四肢全體皆開合；心意纏繞則渾身上下無不纏繞；心氣一下則全體之氣無不俱下；心中意思輕輕領起來，則頂勁虛領，上自百會、下貫長強，中氣一線穿成；心勁一發則筋脈骨節無不隨從，掤、擺、擠、按皆隨心意而為，採、挒、肘、靠皆隨心所欲；心想前、後、左、右、中，則有進、退、顧、盼、定之五行。概言之，外形動作、神態、氣勢的變化，其實是內部心神意氣的外在表現。所以，拳經云：「運用在心，此是真訣」。習練者，應靜心想著練，用心想著練，專心想著練，細心想著練，久而久之，有意歸無意，有心變無心，漸入無心成化的神明境界。

太極拳是意氣神形的運動，既練意又練氣，既練神又練形，既練太極之形又練太極之氣。因此，意氣神形須合一，以意行氣是法則。以意行氣的過程就是練意、練氣的過程，心息相依，意氣相隨。練意離不開氣，練氣離不開意，所以古人說「意為氣頭，氣隨意行」。太極拳的練氣就是在大腦意識的指揮下，通過動靜、開合、出入、循環的意識運動，把體內之氣調動、聚集、充實起來，使氣血通暢旺盛，營衛周身內外。太極拳的練意就是使大腦處於相對入靜的狀態，使中樞神經系統的指揮能力得到最佳調節，更趨穩定、協調、完整和專一，「令必行，行必果」，以助內氣的調動、聚集和充實，心神合一、神氣合一、心腎合一，培養和壯大人身三寶精、氣、神，練精化氣，練氣化神，練神還虛，虛至虛靈，修練後天培補先天。由此可見，練意就是練氣，練氣就是練意，意行氣行，意到氣到，氣到勁自然到。

以意行氣，氣隨意行，意在神，不在氣。在氣則滯，在意則靈，此乃關鍵。要用意想著練，用意想著運，切莫想著

氣如何行，更不能追求氣怎樣運。中和之氣，隨意所至，意
之所向，全神貫注。當練到功形圓滿時，凝神於天門則身輕
如羽，凝神於地戶則沈重如山，注神於氣海則可得其中和之
道。以意行氣意在神，氣隨意行任自然。

　　太極拳以意行氣的同時，又強調用意不用力，以意行氣
而不是以力帶氣，這是內外兩家拳術區別之所在，習練者不
可不明，不可不分。練太極拳若用拙力，則周身血脈不能通
順，經絡不能舒暢，肌腱不能放鬆，筋骨不能柔活，以致全
身拘謹，而為拙氣所滯。拙氣滯於何處，則何處成病，當時
不覺，必於後發。

　　用意不用力的鍛鍊，一則能逐漸去掉本身原有的硬力僵
勁，使全身筋、皮、肉、骨、肌、腱、韌帶盡可能地得到放
鬆、鬆開、伸撥、拉長和舒展；同時，由於伸筋撥骨而使內
氣通於經絡，筋肉離骨而使內氣充於肌膚，骨節開張而使內
氣斂於骨髓，由柔順而漸入沈著，周身形成富有彈性的掤勁
，外柔而內剛。所以，以意行氣心為主的要領是太極拳運動
的運行法則。

㈣鬆沈入手求柔順

　　太極拳要求用意不用力，尤其忌用拙力，通過長年累月
的以意行氣、以氣運身的鍛鍊，逐漸達到積柔作剛、剛柔相
濟、虛至虛靈的高級境界。然而，人們在日常生活和工作勞
動中，不可避免地因接觸重物而養成了使力的習慣，從而造
成肌肉緊張、關節僵硬、筋韌不活，形成了不同程度的拙力
和僵勁，這些反映到初習太極拳者身上，就會感到這兒不順
，那兒不適，周身難以協調。因此，「用意不用力」的要求

與本身的「拙力僵勁」形成了一對矛盾。如何解決這一矛盾，就成了初習太極拳者的首要問題。

習練太極拳一般有三階段，即柔順階段、沈著階段和虛靈階段，以太極拳的剛柔來說，就是積柔、成剛、剛柔無跡虛至虛靈。雖有三個階段，而又密不可分，待積累到一定程度，自然昇華。而在柔順階段，首先要解決的矛盾就是在去掉拙力僵勁的同時培養和建立柔順之勁。應從「鬆沈」入手來解決這一矛盾。如果初學者一上來就求輕，則不僅不易去掉拙力僵勁，而且會更拘謹、更緊張。若專求輕，還容易導致神意渙散，氣勢散漫而偏軟。而由鬆沈入手，不僅可以鬆化掉拙力僵勁，而且會鬆中有沈，益於柔順的培養，又易漸入沈著。

所謂鬆沈，就是放鬆之中有沈墜的意思。首先是放鬆鬆開，使全身內外、四肢百骸、筋韌皮肉盡可能地放鬆鬆弛；鬆開就是身肢放長、伸筋撥骨、肌腱拉長、筋肉離骨、骨節開張，使經脈舒順通暢，絲毫無滯。譬如地下之溝渠，不塞而水行；輸送之管道，不堵而流通；人體之經絡，不閉而氣通。

如何操作呢？操作在心，心想放鬆，則全身內外無不放鬆；心想鬆開，則筋肉骨節無不鬆開。操作的訣竅在意氣貫注經穴。經絡猶如山谷中之通道，山川間之河流；經穴則猶如城鎮和村寨，依靠通道和河流相互通達，經穴是內氣流行最活躍、最敏感之處。位於骨節之處的經穴謂節竅，是內氣入於骨髓的竅門。意氣貫注經穴就是意想各節的節竅，如意想肩的節竅（肩井穴）放鬆鬆開，久之則肩關節自然放鬆鬆開；意想肘的節竅（曲池穴）放鬆鬆開，久之則肘關節自然放鬆鬆開，意想胯的節竅（環跳穴）放鬆鬆開，久之則胯關

節自然放鬆鬆開；意想胸的節竅（膻中穴）放鬆鬆開，久之則胸關節自然放鬆鬆開等等。以此類推，以意想竅，循竅而行，日日貫注，晝夜貫輸，則筋肉自然離骨，骨節自然開張，達到放鬆鬆開的效果。又由於「意為氣頭，氣隨意行」的作用，所以在意想節竅放鬆鬆開的同時，內氣由節竅入於骨髓之中，節節貫注，而又出於骨縫，充於肌膚，通於經絡，達於四梢，則放鬆之中有沈著，久之便能達到鬆沈的效果。另外，周身內外上下除頂勁虛領、舌舐上顎和會陰上提外，其餘各部位都要有向下放鬆沈墜之意，如沈肩墜肘、胸空腹實、塌腰斂臀、坐胯屈膝、氣沈丹田、上虛下實等等。不論是站樁、定式，還是在周身運動時，都要想著放鬆鬆開沈墜，例如兩手領臂向上鬆虛掤領時，手臂各節既要放鬆鬆開，手臂之陰面又要在沈肩墜肘、腰勁下沈的同時而有向下沈墜的意思。如此功行日久，不僅拙力僵勁自去，柔順之勁亦會油然而生。

所謂柔順，即周身內外和順柔韌的意思，非柔軟之謂。和者，心內中和之氣；順者，流暢通貫無滯無背之意；柔者，相對剛而言，非軟非硬，非輕非重，其質如水，故在五行中屬水；韌者，軟而有彈性。柔順之勁即以心內中和之氣，行如柔水，流暢通貫周身內外，盤繞回旋，緩緩流淌，無停無滯，無間無斷，日積月累，年復一年，而成太極柔韌之勁。柔中而有沈著，則外形似柔而內中有剛，功行日久，剛從柔中生出。

所以，由鬆沈入手求柔順是初習太極拳者去掉拙力僵勁，進入柔順階段，培養太極柔韌內勁的關鍵和方法。

㈤內外合一上下隨

　　太極拳是全身心的整體運動，講究意氣神形的高度統一，要求四肢百骸協調一致地服從大腦的指揮，一動無有不動，一合無有不合，使太極內勁能由足而腿而腰而脊而肩而手，完整一氣地節節貫通。要達到這一整體要求，就必須在習拳練功時，做到「上下相隨、內外合一、周身一家、混元一體」。當然，這不是一朝一夕所能做到的，須經過長期的、反覆的學習和研練才能達到。不可求速成，欲速則不達。

　　拳經云：「掤攦擠按須認真，上下相隨人難侵。」可見上下相隨的妙用和重要。上下相隨的意思是：「以腰脊為聯繫上下體的主動軸，上於兩膊相繫，下於兩腿相隨，上下相隨則中間自然相隨。

　　上於兩膊相繫，其一在於兩臂之間須相繫，其二在於兩腿與兩臂相繫。其內涵就是一開全開，一合全合，開中有合，合中有開。兩臂相繫即肩與肩、肘與肘、手與手之間似有無形的牛筋（即意氣）相縛，左右相繫，對稱相連，互相吸引。如兩臂欲開而有難開之意，雖開而意氣不斷；兩臂欲合而有難合之勢，雖合而陰陽無間。如「單鞭式」中左臂為主（為動為陽）開展時，其三節勁似從右臂（為客為靜為陰）三節處節節拉開一般；「斜行拗步」的兩手臂交替運行時，先動的手臂為主，後動的手臂魚貫而隨，客隨主便，形影不離；「閃通背」中兩腿與兩臂相繫即肩與胯、肘與膝、手與足，上下相繫，垂直相應，三節相照，三尖相對；「太極起式」的兩手領臂上掤時，兩臂的肩、肘、手與兩腿的胯、膝、腳上下相繫，臂的三節勁如從腿的三節勁拉開一般，謂之相開相繫；當「單鞭式」定式時，兩手臂相開成弓形，與兩腿的開胯圓襠垂直相對不出圈，三節相繫上下照，謂相合相繫。

　　下於兩腿相隨，其一在於兩腿之間須相隨；其二在於上動下隨，下動上領。其內涵就是上虛下實，下虛上實，虛中有實，實中有虛。兩腿之間相隨即左腿順纏時右腿逆纏，右腿順纏時左腿逆纏；左腿弓屈時右腿伸展，右腿弓屈時左腿伸展；左足實則右足虛，右足實則左足虛；左胯坐則右胯落，右胯坐則左胯落；左足進則右足跟，右足進則左足跟；左足後退右足隨，右足後退左足隨；前進則後虛，後退則前虛。上動下隨、下動上領即足隨手運，手領足行，上下一體，圓轉如珠。如：兩臂上掤時，兩腿要有下沈之意；兩手左攞時，兩腿則左順右逆纏絲隨之；兩手前擠時，兩腿則隨勢前弓後蹬；兩手下按時，兩腿則順勢坐胯屈膝下沈；若欲提腿則以手領之。如「金剛搗碓」中，右腿屈膝上提是由右拳向上領起的；「白鶴亮翅」中，左足上步是由右手臂逆纏斜開上掤而領進、落於右足旁側的。然而，「上雖憑手，下尤憑足」，足快尤顯手快，步活身手更活。五行運行皆在步，一身根基定於足，上驚下取君須記，乘虛巧取任意行。

　　上下相隨，中間自然相隨，其一在於上下動而中間應，其二在於中間動而上下和。其內涵就是手動、足動、胸腹腰脊一齊動，手到足到身體到，一動無有不動，上下一氣貫通。上下動而中間應，即胸腹腰脊隨手足動，其關鍵在於以胸腹腰脊的虛實、鬆活和中正為前提。仍以「掤、攞、擠、按」為例：兩手臂上掤時，兩腿坐胯下沈，則胸腹自然相開，上虛下實，腰以上氣上行，腰以下氣下行，一氣上下分行；兩手右攞時，右腿順左腿逆，則腰脊同時右轉，左右一氣流轉；兩手前擠時，兩腿前弓後蹬，則身體隨勢前擁；兩手下按時，兩腿坐胯屈膝，則胸腹相合，身體下沈，腰勁下貫。中間動而上下和即運化全在胸腹、轉關全憑腰脊，其關鍵在

於以肩活為臂的轉關樞紐、以胯活為腿的轉關樞紐。胸腹一開，上下四肢皆開；胸腹一合，上下四肢皆合；身欲前去，上下齊去；身欲後退，上下都退；腰脊旋轉，上下無不轉。總之，中間不動，上下不動，陰陽合德；中間一動，上下齊動，陰陽分清；一上一下，上下相隨；一開一合，開合相承；一動一靜，動靜相因；一屈一伸，屈伸相宜；一虛一實，虛實相應；一左一右，左右相連；一內一外，內外相合。

　　要使上下相隨，必須內外合一。內外合一者，即自頂而踵，內有臟腑筋骨，外有肌膚皮肉，四肢百骸相聯，意氣神形合一。內外合一首先是內三合與外三合：內三合即心與意合，意與氣合，氣與力合；外三合即肩與胯合，肘與膝合，手與足合。內外三合稱為周身六合。而又要內合與外合：內合即心與目合，脾為肉合，肺與膚合，腎與骨合，肝與筋合；外合即頭與手合，手與身合，身與步合。內與外合又稱內外相合。內外合一就是在周身六合與內外相合的基礎上，使五官百骸、五臟六腑、筋皮肉骨、全體四肢、心神意氣相合為一，保證了太極拳運動的上下相隨，保證了太極內勁的完整一氣。

　　上下相隨，內外合一，才能使太極拳運動的周身一家、乃至混元一體成為可能。周身一家就是在上下相隨、內外合一的基礎上，使人體上、中、下三節總成一節，意氣神形融為一體，在心意的指導下，使內氣在「總成一節」裡面上下貫通，一氣流轉，纏繞遠行，入於骨髓，出於骨縫，充於肌膚，達於四梢，經丹竅，貫經穴，循經走脈，通遍全身，周身一家。

　　混元一體的內涵就在使先天之氣和後天之氣混而為一，即練就一粒混元氣，使全身形成充滿混元氣的太極球。先天

之氣即與生俱來的先天無氣，後天之氣即水谷之氣和呼吸之氣。人以先天元氣為生，以水谷精微和空氣為長。先天元氣得後天之氣以壯，後天之氣賴先天元氣以存，先天元氣與後天之氣併而充身。混元一體就是：封天門，閉地戶，三性歸一，一而運二氣，行三節，現四梢，統五行，貫九竅，纏繞十八球，形成一個先天後天混元一氣的太極球。破之而不開，撞之而不散，政之無不摧。至此，太極功夫成也。

由此可見，內外合一上下隨既是習拳練功的具體要求，又是太極拳整體運動的一項規矩。

㈥虛實轉換全在腰

腰為一身之主宰，上下溝通之樞紐，左右轉換之中軸。腰既維繫著一身的中正和全體的平衡（與胯相聯而言），又關繫到中氣貫注、氣沈丹田、內氣出入和上虛下實（與脊相聯而言）。所以各家太極拳對腰部的地位和作用都非常重視，有的稱「命意源頭在腰際」，「刻刻留心在腰間」；有的稱「主宰於腰」，「轉關在腰」；有的稱「有不得力，必於腰腿求之」，「緊要全在胸中腰間運化」；還有的稱「八卦掌、五行步、太極腰」；養生家稱之為「活腰壯腎」等等，足見腰部的重要。

太極拳的虛實轉換全在腰，也就是一身的總虛實在腰。此處虛實分清，則全身的虛實得以分清；此處虛實不清，則全身虛實皆不清。所謂「虛實宜分清」，首先是指此處。如此處有雙重，則全身上下皆有雙重，所謂「雙重之病未悟」，首先是指腰部的雙重之病未悟。身法的虛實變換在腰，步法的虛實變換也在腰，手法的虛實變換還是在腰，所以說一

身的主宰在腰。「此處消息真參透，太極只在一環中」。

　　轉換在腰首先就要鬆腰、塌腰和虛腰。腰能鬆能塌能虛則能活，活而能轉，轉而則靈。鬆腰的反面是收腰，腰椎骨節和肌腱筋韌能放鬆鬆開則不收；塌腰的反面是�腰，腰部能鬆開下塌（配合斂臀）則不瘀；虛腰的反面是束腰，虛者空也，腰部能不硬不軟、折中而得虛空則不束。收腰、瘀腰和束腰都屬腰部緊張，故不為太極拳所取。

　　腰部若能放鬆鬆開，腹部亦能鬆，則腰腹鬆淨渾圓，既宜於氣沈丹田，又利於氣行帶脈轉圈。配合鬆胯、坐胯和圓襠，則腰勁下貫，兩股有力，氣沈足底，下盤穩固，上虛而下實。

　　要塌腰須斂臀，能斂臀則能塌腰，塌腰斂臀自然尾閭中正，骶骨有力，後腰命門自然鬆開，配合會陰內收和頂勁虛領，則脊椎自然豎直，中氣貫於脊中，上下一線穿成，上下前後皆能合住勁，轉動時自然無所偏倚。

　　腰中虛空則左右腰隙轉換自如。左右腰隙即左右腰腎，腰隙轉換其實是左右兩腎抽換，顯於外則是左右腰側的旋轉。中國醫學認為：腎乃藏精之舍，生氣之源，性命之根；氣始於此亦歸於此，所謂氣歸丹田，其實是氣歸於腎。精水足氣自足，若要氣足，就要清心寡欲，養精保精。兩腎之間謂命門，乃氣出入之門，動則出，靜則入，出腎入腎是真訣。命門與兩腎之間又有陰陽兩竅，命門屬火，兩腎屬水，兩竅居中調和，以達水火既濟，陰陽調和，精氣轉化，還精補腦。由此可見，左右腰腎抽換的重要性：一在於轉換虛實；二在於活腰壯腎；三在於精氣轉化。所以，習練太極拳者應「刻刻留心在腰間」，時時想著兩腎抽換，處處都要兩腎抽換。

　　以「單鞭式」為例：(1)左腿屈膝上提時，腰先向右轉，右腰腎落實，左腰腎虛鬆；右腿鬆胯坐實，右足踏地踩實；腰勁下貫，右股骨有力；落氣到右腹側、右胯、右足；而後左腿落胯虛腳，屈膝上提而合襠，形成右足獨立式。由於左右兩腎的虛實分清和上虛下實的分清，以及右勾手的虛掤伸展、左手屈臂沉合腹前，雖一足獨立，而中正不偏。(2)虛實轉換定式時，腰向左轉，左腰腎由虛漸漸落實，右腰腎由實漸漸虛鬆；重心隨勢緩緩左移，左腿由伸變曲漸漸順纏、鬆胯坐實、踏地踩實，落氣到左腹側、左胯、左足；右腿由屈變伸、落胯虛腳、漸漸逆纏蹬展，形成左實右虛的弓馬步；左手臂逆纏開展時為實，定式時順纏沉合為虛。由此可見，虛實轉換首先在腰。若左右腰腎的虛實未分清，則兩腿雖然大岔、有三七或二八的比例之分，亦為雙重也。

　　又，虛實能分清中定自在其中。前進、後退、左顧、右盼、中定，此五行之中無不有虛實：前進則後虛；後退則前虛；左顧則左實；右盼則右實；中定者，定在虛實之中也，非兩足站死，非八面撐煞，實神氣得於虛實之中，其消息即在左右兩腎的虛實中。如「三換掌」：兩腿站立，右腰腎實則右足實，左腰腎虛則左足虛，重心在右腿；換掌時，全憑左右腰腎虛實抽換，左腰腎向左抽換而為實，右腰腎由實而變虛，此時出右掌，重心不變仍在右足，即實中有虛，虛中有實；右腰腎向右抽換而變實，左腰腎由實變虛，此時出左掌，重心仍不變，左掌前伸為實，右掌後引為虛，仍虛中有實，實中有虛。所以說，虛實之中有中定，中定自在虛實中，其消息盈虛全在左右腰腎的虛實變換之中。

　　虛實轉換全在腰，也就是通過「轉腰」來變換虛實、轉換重心，不是「不轉腰」的變換虛實和平移重心。「轉」與

「不轉」要分清，此處是關鍵。不轉腰就不能虛實互換，不轉腰就不能上下相隨，不轉腰就不能週身纏絲，不轉腰就不能勁由內換；推手較技時，無法引進落空，也無法轉進如風，無法沾粘連隨，亦無法捨己從人，必然處處被動，時時受制於人。所以，虛實轉換全在腰是太極拳的又一規矩。

(七)一鬆一緊濟剛柔

太極者，剛柔兼至，渾於無跡，外形似柔內實剛，說柔有柔，要剛有剛，忽隱心忽現，剛柔相濟，此乃太極成功者之謂。然未成功前，如何積柔、如何成剛，則是每一個太極拳愛好者所關心的。

首先，於理要明白太極剛柔的內涵；其次，於法要掌握正確修煉的方法，經過長時期的鍛鍊，逐步達到積柔、成剛，乃至剛柔相濟的階段。

太極二儀，柔之與剛。柔者陰柔，剛者陽剛；剛柔即陰陽之質，陰陽即剛柔之氣。常運陰陽二氣培養剛柔內勁，陰氣流行則為陽，所以剛歸至於柔；陽氣凝聚則為陰，所以柔造至於剛。陰中有陽而柔中寓剛；陽中有陰而剛中寓柔，陰陽得中，剛柔兼至；所以，陰陽互濟，剛柔相濟。此太極陰陽剛柔之理也。

所謂柔者，相對剛而言，指鬆柔、輕柔、柔韌、柔順之意，其含義是外顯和順而氣充於內。非軟、非散，非輕浮，軟散無力難以長功，輕浮無定難以生根，此皆偏柔之病。

所謂剛者，相對柔而言，指陽剛、沉剛、內剛、至大至剛之意，其含義是氣形諸外而內持沉著靜重，精神內藏不露，非強為、非努氣、非鼓勁，硬發強為氣血不和而有損元氣

，努氣鼓勁力剛易折而為人所乘，此皆偏剛之病。

拳經云：「欲剛先柔，欲揚先抑」，就是說欲成剛先求柔，剛從柔中生，積柔自成剛，此是太極自然循環之理。而欲柔先求鬆，由鬆沉入手而得柔順柔韌勁。關於鬆沉入手的要領和方法，可參見前節，這裡不再贅述，至於太極柔勁的內涵須重複一下，即「太和元氣，渾然中伏」，充於肌膚，斂於骨髓。氣若不能充於肌膚、斂於骨髓，則無柔順可言，亦無沉著可言，剛勁終難問津。如何使氣充於肌膚、斂於骨髓？其訣竅就在於「一鬆一緊」。所謂一鬆一緊乃精神意氣的鬆緊之謂，非筋皮肉骨的鬆緊之謂。心神意念一鬆則氣斂骨髓、沉歸丹田，心神意念一緊則氣出丹田、充於肌膚。一鬆一緊的方法，就是柔順沉著濟剛柔的方法，也就是拳經所云的「一氣運弛張」、「摩蕩柔與剛」的道理。

一鬆一緊，氣有弛張。弛者斂氣入骨、歸入丹田而為合；張者出於丹田；充於肌膚而為開。

一鬆一緊，神氣鼓蕩。隱於內是神意鼓蕩，顯於外是氣勢鼓蕩，行同水流，止似山峙。

一鬆一緊，勢有回環。氣運十分似潮漲，此時為緊；氣歸丹田似潮落，此時為鬆。潮水拍岸自回頭。一漲一落勢回環。

一鬆一緊，折疊往返。欲緊先鬆，欲鬆先緊；鬆緊之中有折疊，往返之中有鬆緊。

一鬆一緊，蓄發相變。鬆時為蓄緊為發，鬆如蓄水，發似決堤。欲發先蓄，蓄而後發。

一鬆一緊，剛柔兼至。鬆之為柔而柔中有剛，緊之為剛而剛中有柔。外形似柔內實剛，陰陽互濟無跡尋，外面柔似棉，內堅如鋼條。

　　一鬆一緊在習拳練功時的運用和體現是：開展時為緊，沉合時為鬆；運勁時為緊，定式時為鬆；逆纏相開時為緊，順纏相合時為鬆；胸腹開為緊，胸腹合為鬆；發放為緊，收蓄為鬆；進為緊，引為鬆；上一勢與下一勢之間有鬆，此圈與彼圈之間亦有鬆；往返折疊之處有鬆，轉關運化之處亦有鬆。總之，一動一靜有鬆緊，一開一合有鬆緊，一圈之中有鬆緊，處處皆有一鬆緊。開合遞相承，鬆緊勢相連，一氣運弛張，太極理循環。欲向何處尋剛柔，一鬆一緊運天機。

　　所以說，一鬆一緊濟剛柔是培養太極剛柔內勁的入門訣竅。

㈧渾身俱是纏絲圈

　　太極拳，纏絲法也。螺旋纏絲運動是陳式太極拳獨特的運動方法，由此而培養的纏絲勁是陳式太極拳特有的太極內勁。纏絲勁的內涵是心神意氣纏繞抽絲，其外部表現是形體的螺旋運動。纏絲勁的特點是：其柔時，粘住何處何處纏，令人難進亦難去，如蠅蟲落膠，有翅難飛，其剛時，挨著何處何處繫，纏繞諸靠我皆依，如紅爐出鐵，人不敢摸。渾身上下處處是手，處處咬人。由此也可以看出，陳式太極拳的剛柔內勁，是通過纏絲勁體現出來的。

　　太極拳的螺族纏絲運動合乎天體萬物循環不息的自然法則。古人謂之「纏絲法，默行乾坤不息之螺旋線，循環無端，神妙可物」。太極者天地之大道也。物體運動離不開螺旋纏絲的循環運動，只不過有隱有顯、有強有弱而已。大者如宇宙間各星球的運行，小者如槍炮子彈的運動。

　　太極拳的螺旋纏絲運動亦合乎養生保健的衛生之道。人

體的經脈互為表裡，交聯環繞，如腰腹帶脈、任督兩脈以及行於裡的三陰經、敷於表的三陽經，通過內纏絲外螺旋的運動，溝通週身奇經八脈、十二經、十五絡，使氣血流注，營衛週身，調解三焦，平和陰陽，內壯五臟，而又柔活骨節、肌腱、筋韌，外強筋骨。

練太極拳須明纏絲勁，不明此即不明拳。首先，須明渾身俱要纏絲，即全身上下左右內外無一處不纏，而又以軀體的纏繞為主要，通過腰脊的螺旋轉動和胸腹的折疊運化，來帶動和貫穿上下四肢的螺旋纏絲，從而達到週身一家的螺旋纏絲。上肢兩臂如「麻花」旋擰，下肢兩腿似「螺絲」擰鑽，而皆以身軀的纏繞為主宰。若胸腹沒有折疊，腰脊不作纏繞，則四肢的纏繞便失其本而流於妄動。

其二，須明基本纏絲法，即裡纏外纏、順纏逆纏。其關鍵在於由內及外，順逆匀稱，裡纏外纏是核心，由裡及表，由中而發，內纏外繞相聯合一，顯於外是螺旋運動，隱於內是纏絲運行；裡纏為體，外纏為用，裡纏是心神意氣，外纏是筋皮肉骨，心神意氣與筋皮肉骨相合為一，螺旋抽絲而為纏絲勁。所以裡纏外纏要合一，由內及外是真訣。順纏逆纏是總的纏絲法，因方向的變化而有上下纏、前後纏、左右纏、進退纏、正斜纏，其實無非是一順一逆或雙順雙逆。順逆纏絲的關鍵在於均衡、對稱、協調，無所偏倚，無過無不及，陰陽得中，雖有主客分，一氣甚平均。順逆纏絲的外延表述是：在手，則凡由小指側經過手心向拇指側方向旋轉、同時肘關節由外向裡合即沉肩合肘為順纏；凡由拇指側經過手心向小指側方向旋轉、同時肘關節由裡向外開（非抬肘）即鬆肩開肘為逆纏。在腿，則凡腿向外旋轉為順纏；凡腿向裡旋轉為逆纏；兩腿纏絲皆為一順一逆。在身，則胸腹相合為

順纏（氣歸丹田）；胸腹相開為逆纏（氣自丹田出）；身軀纏絲即胸腹腰脊皆纏絲。

　　其三，須明三節九竅十八球。人體全身有三節之分，即梢節、中節、根節。臂為梢節，身為中節，腿為根節，此一身之三節。而三節之中又各有三節，臂之三節：手為梢節，肘為中節，肩為根節。身之三節：頭為梢節，腰為中節，腹為根節。腿之三節：足為梢節，膝為中節，胯為根節。三三共九節。九節之中又有九竅，臂三節三竅：勞宮穴是梢節竅，曲池穴是中節竅，肩井穴是根節竅。身三節三竅：上丹田是梢節竅，中丹田是中節竅，下丹田是根節竅。腿三節三竅：湧泉穴是梢節竅，陽陵泉是中節竅，環跳穴是根節竅。其中，上丹田主手法，中丹田主身法，下丹田主步法。十八球是指人體主要的十八個關節部位，即兩肩、兩肘、兩腕、兩胯、兩膝、兩踝、兩臀、頸、胸、腰、腹。明三節，就是了解和掌握三節勁的運用，即「三節發力螺旋勁，梢領中隨根節催」；明九竅，就是了解和掌握按竅運氣、斂氣入骨的運用，即「以意行氣貫九竅，節節貫穿中氣通」，明十八球，就是了解和掌握內纏外繞、周身一家的運用，即「內纏外繞十八球，混元一體太極成」。所以，渾身俱要纏絲就是在內外合一，一以貫之的基礎上，通三節、貫九竅、纏繞十八球，從而形成周身一家、混元一體的太極球。

　　其四，須明「纏絲者，運中氣之法門」。螺旋纏絲的方法，就是運行中氣的方法。所謂中氣，即氣由中而發，不偏不倚，貫通脊骨和四肢骨髓之中，其實是神氣得於其中。螺旋纏絲時，在心神意念的引領下，內氣出於丹田，通達三節，貫注九竅，纏繞十八球，入於骨髓，而又出於骨縫，充於肌膚，復歸於丹田。如此纏繞不息，循環不已，功行日久，

自然形成一股剛柔相濟的纏絲勁。簡言之，就是以心意想著螺旋纏絲，內氣纏繞於肌膚之中，中氣貫通於骨髓之中，即為纏絲運中氣，也就是纏絲勁。

總之，渾身俱是纏絲圈才符合陳式太極拳運動的規矩，待到功夫純熟以後，自然由大圈到小圈，由小圈到沒有圈，外形沒有圈，而裡面有圈，即大到無外之圈，小到無內之境。渾身處處皆太極，無心成化如珠圓。

㈨胸腹折疊運開合

胸為乾、腹為坤，胸腹開合折疊運化及陰陽開合乃乾坤循環之道。體前胸腹為陰面，任負一身之陰脈；體後脊背為陽面，總督一身之陽脈。任督兩脈為大體陰陽、升降循環之道；上下四肢為旁路陰陽、交通往來之路，胸腹開而脊背合，胸腹合而脊背開，前開後合，前合後開，則任督兩脈得以溝通而升降循環。胸腹一開，上下四肢皆開；胸腹一合，左右兩旁皆合。身以腰為界，胸腹開時，腰以上，氣上行，通達兩臂肩、肘、手；腰以下，氣下行，貫達兩腿胯、膝、腳。胸腹合時，四梢之氣復歸丹田而一氣相合。由此可見，一身開合首在胸腹，胸腹開合為一身總開合。拳經云：「胸中一團太和元氣，充週四體，至柔至剛，實備乾健坤順之德」。

五臟藏於胸腹，經脈源於五臟。五臟內藏精、神、氣、血、魂魄，其中精、血、氣是五臟中存在的最寶貴的物質，是人的生命活動的基礎，精、血、氣旺盛並能保持常存不泄，則人的身體健康、強壯，打拳自勝人一籌。而肝魂、心神、脾意、肺魄、腎志為五臟之神，五臟各有所主，心主脈，

肝主筋，脾主肉，肺主皮毛，腎主骨，五臟若得養，則筋皮
肉骨均得以養。五臟若壯，則筋皮肉骨亦強；五臟康壯，則
其精華養氣、養血、養精。氣足、血足、精足則養元精、元
氣、元神、培補先天之不足。胸腹開合折疊以按摩五臟，運
化五臟，康壯五臟，並通過所繫之經脈，使氣血流行，營衛
周身。練到一定階段，若身上有跳動之象，是心經氣足之故
，若感到筋有竄動或抽動，是肝經氣血精華在行動；若身上
有肌肉跳動等感覺，是脾經氣血精華在作用；若皮膚有蟲爬
發癢感覺或氣流升降跳動，是肺經氣血精華在行動；若運動
中骨節作響成精足陽舉，是腎經氣血精華充足的作用。由此
可見，胸腹開合折疊運化使太極拳的養生功效更具完善，更
為顯著。

　　一身虛實在胸腹。胸一鬆，全體舒暢，橫膈膜下降；帶
動兩肩自然放鬆下沉則上虛；胸空自然腹實，氣沉丹田則下
實。上虛下實，則濁氣下降，清氣自然上升，陰陽得以分清
。胸腹開合折疊運化，使上體更虛，下體更實，推手較技時
則不懼他人推倒；胸腹寬宏廣大，則來物皆可順應。

　　一身纏絲由胸腹而運。胸腹開合折疊與腰脊左右旋轉的
配合，使腹中內氣、胸中內勁如太和元氣轉圈，由內而外，
由裡及表地漸漸向上下左右四旁盤旋繞轉，勢如漩渦流轉，
形似烏龍絞柱、蟒蛇繞樹；上則轉膀旋腕，下則轉膝旋踝，
渾身內外俱纏也。若胸腹不思開合折疊，丹田不能吸引推拉
，腰脊不做左右旋繞，則內氣難以鼓盪發動，中氣難以達於
臍下，真氣難以出入循環，氣不能纏繞於肌膚之間、貫通於
骨髓之中，則無纏絲勁可言。胸腹能有開合折疊，引化進擊
方能渾於無跡。

㈩拿住丹田練內功

打拳貴在精神氣，精神領起勢要驚。精神貫足，內氣充足，內勁渾厚，拳術的威力才能發揮得淋漓盡致，才能達到冷炸彈脆、見手分離的高級境界，或稱太極功夫。拳經云：「太極拳中路，功夫最為先」，「不是別有方，只是中氣足」；拳諺亦云：「一功二膽三技巧」，「力不敵法，法不敵功」。所謂拳術的「術」，指的是用的方法，稱術法或拳法，也稱招法或著法。法雖有萬，而萬法歸一，一就是功夫，對太極拳來說就是內氣、內勁或內功，得其一而萬事畢。求內氣、內勁或內功的方法稱功法。所以，練太極拳必須「拳法、功法、養生法」三法合一。若能三法合一地練習，就能將練太極拳昇華到練太極功夫的高度，注重太極拳的內涵、質量及功夫的研究和提高。而不在套路多少、架子高低和動作規範與否的形式上束縛自己。

功法的研究就是內氣、內勁、內功的培養和提高，得此方可言拳，捨此無以為拳。氣為勁之體，勁為氣之用。太極內勁的實質就是意氣相合、神氣合一：太極內勁的物質基礎就是精、氣、神；太極內勁的質量取決於習練者本身的精、氣、神的質量。所以，欲培養和提高太極內勁，就必須培養和壯大人身三寶精、氣、神。精足氣足神足則內勁自足。內氣、內勁的培養和提高就是修煉太極內功。以功為本、以養為主、以拳為母的有機結合，就是太極功夫的內涵。其關鍵就在於「拿住丹田練功，拿住丹田養生，拿住丹田練拳」。

拳經云：「氣不由中心丹田出發，則氣無所本而失於狂妄，必至失敗，此內勁之不可不研練也；果能研練至此，則

神乎其技矣。」練內功要講丹田，練養生要講丹田，練太極拳亦要講丹田。所謂中心丹田指中丹田，其位置在人體正中，即肚臍深處神闕穴內。中丹田是先天元氣之舍，主生化，司呼吸，中丹田不能呼吸則中氣難以達於臍下。古人稱之為「中央戊己土，萬物由此生」。中丹田之後為後丹田即命門穴，中丹田之下為下丹田即會陰穴深處，中丹田之上為上丹田即兩眉正中深處祖竅穴內，上丹田為天門，下丹田為地戶。天門主神，地戶藏精，氣海蘊氣，出入在命門，運化在神闕。此丹竅不可不明。行、立、坐、臥不離這個，打拳練功亦不離這個。所以要虛領頂勁神貫頂（上丹田），會陰內收氣下沉（下丹田），虛實轉換全在腰（後丹田），週身之氣歸丹田（中丹田）。能如此，就能拿住丹田練內功，不離丹田運太極。

　　不離丹田運太極，就是以心為主宰，開合出入皆在丹田。想開時，由丹田向外開；想合時，由外向丹田合；想發時，皆發於丹田；想收時，皆收於丹田。一動，則氣出丹田；一靜，則氣歸丹田；一緊，氣由丹田運四體；一鬆，四梢之氣沉丹田。進，則氣由後丹田湧向中丹田；退，則氣由中丹田引至後丹田；左轉，則丹田左轉、氣沿帶脈左轉圈；右轉，則丹田右轉、氣沿帶脈右轉圈；定，則上、中、下三丹田一線穿。周身纏絲螺旋圈皆丹田內轉圈之為也。

　　而又要心息相依，息息歸根，根在丹田，道家喻之「無根樹」。息者呼吸之調，一呼一吸是謂息。心息相依就是心神意念與開合呼吸融合為一，始終不離；息息歸根就是想著丹田的呼吸，聽著丹田的呼吸，看著丹田的呼吸，三性歸一不離丹田。心息相依息歸根，神氣合一在丹田，久之則丹田內生氣生血，氣滿丹田，氣血旺盛，流布週身，榮華四梢，

內強外壯，即枝繁葉茂，生機勃勃。體內又如皮囊之中充足了混元氣，內氣充沛則內勁渾厚，剛柔相濟而渾於無跡，臨陣交手時，就能功助拳威，勁貫著中，不發則已，一發如猛虎下山，威勢難擋；疾如閃電，迅似炸雷，乾脆直射地把對方騰空發放出去。

　　太極拳是內功拳，特別注重內氣、內勁、內功的培養，以功為本的指導思想貫穿於整個拳法套路和功法單式之中。而拿住丹田練內功是求學內功、求學太極功夫的根本所在和核心，捨此別無他途。

（十一）靜心慢練是活樁

　　陳式太極拳的有慢有快、快慢相間的運動特點，是相對其他太極拳而言的。從「慢而不滯、快而不亂」的內涵來說，是與其他太極拳的「勻速緩慢」的內涵相一致的，都要求達到以意行氣、內外合一、心息相依、神氣相合、呼吸深長、氣沉丹田、柔順沉著、完整一氣。由此可見，太極拳的快與慢不在形式而在內。從造拳者的初衷來講，「拳名太極，實天機自然之運行，陰陽自然之開合也，一絲不假強為，強為者皆非太極自然之理」。由此可見，太極拳的快與慢是自然而為，不是「應該」有快有慢，而是「自然」有快有慢。快與慢的標準，應該是意、氣、神、形能否合一，若能合一，自然能快能慢，隨心所欲，順勢而為；若不能合一，其快必亂，其慢必滯，臨陣交手，必為人制。因此，練陳式太極拳不應追求形式上的快慢相間，而應注重意、氣、神、形的完整統一，循太極自然之理，由慢而生靈，即拳經所云：「慢到十分功夫，即能靈到十分，惟能靈到十分火候，斯敵

人跟不上我，反以我術為奇異。」

　　所以，練拳宜慢不宜快，能慢儘管慢。從起式開始，到收式結束，須慢慢領起，緩緩運行，默默停止，形似潺潺流水，又似和煦春風，柔順和緩，沉著兼備。每一勢均要慢，每一式亦要慢；開展時要慢，沉合時亦要慢；一起一落要慢，一屈一伸亦要慢。慢而能思上下是否相隨，慢而能知內外是否合一，慢而能求神氣不斷，慢而能得周身一家。尤須留心轉關處，轉關之處最奧妙，此處不留心，消息終迷茫。慢者皆在心意，四肢百骸皆悅從，心意慢運，四體緩隨。意在神而不在氣，在氣則滯，氣滯則形散，此是關鍵。

　　而又宜靜不宜急，能靜就能慢，不能靜就不能慢。平心靜氣，靜心慢練，隨著外形動作的和緩轉移，引動內氣於體內無微不至地細細運行，使意氣相合，使神形合一，順其自然之勢，聽其自然之運，得其自然之機，合其自然之道，漸入物我兩忘之境。只有中氣存於中，虛靈含於內，方現一片太極原象。

　　慢練出真功，活樁有奇效。慢練就是活樁。功夫來自樁功，任何拳術都注重樁功的練習，樁功既是築基功，又是通向成功之途，因此都有一套相應的行之有效的樁功練法。站樁是定樁功，慢練是活樁功。太極拳有無極樁，也有太極樁。太極樁就是活樁功，除了有一套活樁功的練法外，慢練也是活樁功。太極十三勢即八門五步功，根據太極易變之理，八卦由五行而生。八門手法即八門勁須以五行五步為基礎。所以，慢練活樁功既使樁步穩固、沉重如山，而又虛實靈換，五行自如，則八門手法更具威力。

　　慢練能養氣，氣以直養而無害，氣以靜養而有益。以平和之心養浩然正氣，以虛靈之心養剛中之氣，氣和而物壯，

養生有所賴；氣盈而勁足，拳術有威力。

　　慢練有助纏絲功的鍛鍊。意念由內而外地慢慢向周身各部位集散，使外形動作漸漸與心氣相合，則內氣緩緩地向意之所向目標纏繞流注，使氣血週流全身，疏通經絡，並使肌腱、韌帶產生彈簧般的柔韌勁，在慢慢地螺旋纏繞中，意氣神形似彈簧繞卷一般，久久練習即可達到一觸即動的化引進擊的纏絲勁，快觸則快轉，慢觸則慢轉，急緩我皆應。

　　所以，練拳宜慢不宜快，順其自然是法則，

（十二）會練會養能成功

　　最後，想談一下關於會練會養的問題。

　　習拳練功須知會練會養，不會練就不會養，不會養就不會長；不會練就會傷，不養也會傷。比如，同樣在練太極拳，有的能事半功倍，功夫長進快；有的卻事倍功半，功夫長的慢。究其原因，會練不會練、會養不會養或者說方法正確與否是關鍵。

　　首先，練拳須明理。要在太極陰陽之理的指導下進行練習，自然順勢，自然運化，自然得機，自然合道，自然積累，自然升華，量力而行，循序漸進，勿忘勿助，若有若無，不急不躁。似有意似無意，有意無意是真意；似有心似無心，無心成化自成功。不能反自然之道而行，不能固執不通而為，不能自以為是而是。不能求速，欲速則不達；不能強為，以致出乎規矩，反受其害。

　　同時，要遵循前面所述各要則進行練習，其中尤以「心神虛靜」、「靜心慢練」為主要。心不靜則太極不太和，神不寧則陰陽不調和；不僅於功無補，而且於身有損。靜心慢

練，平心靜練，合乎自然之道。能靜練，能慢練，就是會練。靜練慢練要貫穿到整個套路練習和單式練習之中，包括器械練習和推手練習。甚至行、立、坐、臥亦不離這個，就能時時在練，處處在練，可收事半功倍的效果。

會練除了慢練、靜練以外，還表現在：

每天開始練拳時，頭兩遍拳能隨意練、放鬆練、無心練、無意練，既不重外形，亦不求內裡。在自然之中，把身體內外各部位都活開了、勻順了，使心神漸漸平定安寧了，再正式開始練拳。如是，其妙處日後自現。

太極拳是身心運動，不是身心勞動。不能勞心、勞神、勞身、勞形。在靜中求動、動中求靜之中，使大腦得到充分的休息，消除疲勞。因此要似無似有地練，好像在休息一樣，於無形中感而遂通。

開始練拳之前要靜心默立幾分鐘，練一遍後仍要靜心默立幾分鐘，再練第二遍，每一遍拳後都要如此。真正做到靜中求動，動中有靜。

每一遍拳後都要做收式，且收式不少於三次，遍遍如是。可將因行氣走架時擴散的氣場，收回到丹田，越收越多，越聚越滿，可收事半功倍之效。

對初習者來講，待一套拳的動作純熟、協調、連貫以後，拳架動作應當盡可能地開展、舒順、大方，螺旋纏絲圈越大越好，然後在大開大合之中，使圈大而連、大而圓，逐漸圓活飽滿，無有凹凸，無有缺陷，無有斷續。久之，神氣自能圓滿無虧，一氣貫通周身內外。

習練時，架子的高低因人而異，因功而異，順其自然。一般來說，拳架有高、中、低三種。低架是基礎架，初級階段以低架為主，以練腰腿功為主；隨著功夫的提高，架子自

然由低而中而高，高架是活架，至此，高低皆應。對初期階段的年輕人來說，架子可適當低些；對初期階段的中、老年人來說，架子不宜偏低，以中、高架為宜。不論架高架低，都要符合太極拳規矩，無過不及，上下相隨，一氣貫穿，五弓齊備，節節貫通，圓轉如神，不可強為。低者，襠部臀部不低於膝部，膝尖不過腳尖。

會練即會養。所謂會養即養氣、養血、養性、養精、養神、養形，其中尤以養氣、養精、養神為首要。十年練功，十年養氣。氣以直養而無害，久久養之即為浩然正氣。氣血者，人之二儀，吸天陽以養氣，吸地陰以養血，氣為主而血為配，「有形之血生於無形之氣；有形之血不能速生，無形之氣則當早固。」氣化則物生，氣盛則物壯，氣正則物和。所以氣之當養也，精足氣則足。所以要靜心安身，清心寡欲，顧命惜身，固精保精養精，精氣雖滿而不泄，煉精化氣，還原於身。氣足神不衰，神入身則長生，念止則神來，念動則神去；心靜則神寧，靜心能養神。所以，練太極者，心要靜，靜養神，靜養氣，靜養精，性命雙修。

不會練即不會養，不養即傷，慢練為養，快練為傷；靜練為養，急練為傷。所謂傷者即傷氣、傷神、傷心、傷腎、傷形。古人云：「怒者偏傷氣，思多太傷神，神疲精漸蔽，形弱病相縈」；又云：「失之則內閉九竅，外壅肌肉，衛氣解散，此為自傷，氣之削也。」若腎水不足，強以心火燥之，則水枯精衰；若內氣不足，任意疾發速放，則元氣受損；神氣不足，過於縱跳震動，則元神散亂。此自傷，對於習拳練功者來說，尤要注意避免。

因此，習練者要靜心慢練，平心靜練，順其自然，絲毫不得強為。會練會養，則功能大進，延年益壽。

四、入門勁法

　　太極拳的練習包括拳架練習、功法練習和推手練習，三者結合起來練習才是完整的太極拳。決不是會練幾趟拳和會練器械就算會太極拳了。練功可以培養和增長內氣，使拳架練習和推手練習具備一定的物質基礎，所以說功為本；練拳是練知己的功夫，以意行氣，氣通全身，培養太極內勁，培養閃戰騰挪的技巧，練功和練拳的結合，而形成混元一氣，在技擊時即能力發一點、點點透骨，所以說拳為母；推手則是練習知己知彼的功夫，即檢查和調整拳架動作的正確與否，從而真正達到知己，又可以在推手的實踐中，貫徹太極十三勢的法則，巧妙運用拳術的分解動作招式，從而達到引進落空合即出、四兩撥千斤的效果。因此，以功為本、以拳為母、以推手為用三者是緊密相連、相輔相成的。

　　太極拳架和太極推手都離不開十三種方法，也就是太極十三勢：掤、攦、擠、按、採、挒、肘、靠、進、退、顧、盼、定。前八個字是八種手法或八種勁法，後五個字是五種步法。這十三勢貫穿於全部太極拳套路和推手當中。可以說，在太極陰陽之理的指導下，能掌握和運用這十三勢，就是掌握了太極拳的靈魂和核心了。所以說，太極拳就是太極十三勢。練太極拳者不可不明太極十三勢，不明此，即不明太極拳。

　　從太極陰陽生生不息之理來看，太極十三勢即八卦加五行，也稱八門五步或八法五行。太極八法為四正四隅，坎離

震兌為北，南、東、西方位，乾坤艮巽為西北、西南、東北、東南方位；五行即金、木、水、火、土。八卦五行分佈在人體的各個部位，並各有竅位。為了便於掌握和練習太極十三勢，下面就八卦五行、人體竅位及與十三勢的微妙關係分而述之。

掤屬坎，正北方，為水，人身竅位在會陰，屬腎經。習拳練功時，用意引氣，由下丹田（會陰穴內）起，隨手臂上掤而行至上丹田（祖竅穴內）。此為「抽坎塡離」，可使心腎二經之氣相通，水火既濟。

攦屬離，正南方，為火，人身竅位在祖竅，屬心經。兩手臂由前伸回收或由左右向後收為攦，意由祖竅而回收，手自然相隨攦回。能調整心經所屬的臟腑功能。

擠屬震，正東方，為木，人身竅位在夾脊，屬肝經。兩手指尖或掌或拳或右手心向裡、左手掌附於右腕裡側向外推為擠，意由夾脊引氣向前擠出。可調理肝臟的功能。

按屬兌，正西方，屬金，人身竅位在膻中，屬肺經，兩手心下按，意由膻中引氣向下丹田（會陰穴內）沉降，以肺經之氣補腎經之氣，此為金生水。

採屬乾，西北方，屬金，人身竅位在性宮（囟門）與肺兪兩處，屬大腸經。以手回抓的突然頓挫為採，用意由性宮引氣到肺兪穴直下湧泉穴。可調整大腸經而補腎經，以金生水。

挒屬坤，西南方，屬土，人身竅位在中丹田（神闕穴內），屬脾經。抓截對方反關節用彈抖力施之為挒，用意由中丹田引氣，經兩肋上達性宮，可補肺經之氣，此為土生金。

肘屬艮，東北方，屬土，人身竅位在肩井，屬胃經。用肘向外靠擊，以意引氣由湧泉穴上升，經尾閭分由兩肋至肩

井穴，可調胃部機能，降心中之火。

靠屬巽，東南方，屬木，人身竅位在玉枕，屬膽經。靠擊對方時，以意引氣由湧泉上至尾閭、玉枕，可調理肝膽功能。

進則以氣催身向前進步，其竅位在會陰，屬腎經，屬水。進步時，意想會陰以氣催身前進。

退則以氣催身向後退步，其竅位在祖竅，屬心經，屬火。退步時，意由祖竅引氣催身後退，神氣要攝取對方。

顧是左顧，其竅在膻中，左顧時，以意引氣著力於膻中催身向左閃轉。

盼是右盼，其竅在夾脊，右盼時；以意引氣貫注於夾脊催身向右閃轉。

定是中定，其竅在中丹田（神闕穴內），屬脾經，屬土。要求氣沉中丹田，動中能定，動中有靜，中定在虛實之中。

以上是太極十三勢與八卦五行、人體經穴竅位的相互關係，以及修練時的內在要求。太極十三勢的練習分單式練習、組合練習和套路練習，單式練習就是一勢一式一法地單操單練；組合練習就是四正法或四隅法組合起來練習；套路練習就是在拳架動作中的練習，每一個動作或每一式中都有太極十三勢，或隱或顯，或明手或暗手，或以某勢某法為主。太極拳即纏絲圈，一圈之中既有十三勢，一圈之中就有掤、攦、擠、按，所謂「妙手一動一太極」也。所以，練習拳架時，就要在一動無有不動、一纏無有不纏、渾身都是纏絲圈中，體現和貫徹太極十三勢的法則。

太極十三勢又稱太極十三勁，即掤勁、攦勁、擠勁、按勁、採勁、挒勁、肘勁、靠勁、進退勁、顧盼勁、中定勁。

太極拳的剛乃相濟的內勁是通過太極十三勢體現出來的，太極十三勁又是通過「渾身都是纏絲圈，纏繞諸靠我皆依」而發揮的。因此，太極十三勢的方法就是培養太極十三勁的方法，就是以意運氣、以氣催身、意氣神形合一地向不同方位發動的必然結果。

太極八法勁中的「掤勁」，是八法勁的總勁，掤勁貫穿於整個八法勁中。根據前面的討論，我們知道內氣是內勁的基礎，通過無極站樁功的修練，可以使氣滿丹田，佈滿周身，猶如充滿氣的皮囊而掤勁自生。如果沒有內氣充足的掤勁，意氣的鼓蕩也就不存在了，放鬆和引化就成了鬆散和軟弱，擾擠按採挒肘靠之七勁也就不存在了。

虛領頂勁是神氣的虛掤，是領起中氣，使精神貫注。擠勁是前掤，按勁是下掤，擾勁是左右向後掤。擾擠按的實質是：意氣向前上方的發動謂掤勁，意氣平向前方的發動謂擠勁，意氣向左或向右後方的發動謂擾勁，意氣向下的發動謂按勁。掤擾擠按四正勁，不僅僅是通過兩手臂來體現的，根據陳式太極拳的「渾身都是纏絲圈，纏繞諸靠我皆依」的特點，身體的各個部位都可以體現這四正勁。例如：掤勁：在手臂則有掌掤、腕掤、拳掤、肘掤、肩掤、臂掤，在身體則有胸掤、腹掤、背掤、臀掤，在腿則有胯掤、膝掤、腳掤、腿掤，在頭則有頭掤等。擾勁：有手擾、拳擾、肘擾、肩擾、胸擾、腿擾、膝擾、腳擾等。擠勁：有指擠、掌擠、拳擠、肘擠、肩擠、胸擠、胯擠、膝擠、腿擠等。按勁：有手心按、手背按、拳按、掌沿按、肘按、前臂按、胸按、腹按、胯按、膝按、腿按等。這四正勁都能在推手的實踐中巧妙地、順勢地運用，又應當在套路練習中認真地體現出來，即拳經所云：「掤擾擠按須認真，上下相隨妙無窮。」

　　由此可見，太極八法五步十三勢是太極拳行氣走架和推手運用的總的要領和法則，是意氣神形運動的八個方位和五個方向。從有方位到無方位、從角到圓、從圓到點、從全身十八個關節小球的旋轉到周身一家的太極球的螺旋纏繞、從大圈到小圈、從有圈到無圈（外形無圈而內氣有圈），而形成一粒混元氣，隨意所行，隨心所發，隨勢所用，混元一體而又力發一點，點點透骨，無堅不摧。

五、入門功法

　　太極拳屬內家拳術，練的是動靜兩功，內外雙求，性命雙修，以心意行氣為法則，以內外雙求為宗旨。從無極入門，靜極生動，動分陰陽而成太極，再在心意的主宰下，運行陰陽二氣，通遍周身內外，引導四肢百骸通過開合、動靜、虛實、鬆緊、升降、吐納、收放、蓄發、伸屈、長短、剛柔、進退、順逆、卷展等運動體現太極陰陽的變化，經過長時期的修練，逐漸向太極太和的頂峰攀登。然而現在不少太極拳習練者，沒有真正領悟或忽略了太極之真義，把太極之形與太極之氣分割開來，雖練習多年，收效甚微。

　　首要的問題是：怎樣練功？如何培養內氣？本書所介紹的「入門功法」是對這一問題的回答。入門功法是「太極混元功」功法的簡選，對初學者來說，不僅是築基功，也是養生法，更是通往上乘武術內功的必經之途。

　　古人云：天有三寶日、月、星，地有三寶水、火、土，人有三寶精、氣、神。人身三寶，損則多病，耗盡則亡。精足則氣足，氣足神不衰，神旺則形全。入門功法就是通過意守丹田來練此三寶。使心神下行，心火下降，精氣上升，心腎相交、水火既濟，從而煉精化氣。煉氣化神，還精補腦，延年益壽。人在幼年，七情不惑，六欲不擾，三寶無損；到成年後，眼、耳、鼻、口、舌、心、意七竅的活動漸多，太過則三寶受損，陰陽之氣不平衡，陽衰陰盛，氣虛體弱而致內傷，抵抗力減退，加上外感就會生病，若不及時治癒和注

意養生，先天真陽（即元氣）便會損耗更多，耗盡則亡。

　　修煉內功者，應以修心養性之法練此三寶，清心寡欲，心內平和，靜心安身，固精保精，煉化為氣血，還原於身，而後方能強身健體，延年益壽。

　　入門功法的意守丹田功效，按中醫陰陽五行來說，中丹田屬中央戊己土。這一竅通五臟六腑，十二經十五絡。古書上說：「用心意集中丹田內，先吸後呼，一吸百脈皆合，一呼百脈皆開，呼吸往來百脈皆通，氣血通暢，百病皆除。」又說：「用心意守於丹田，丹田內即生氣生血，氣血滿足，身體健壯而百病皆癒。」練內功，意守丹田，能夠恢復與增強抗病能力（補氣壯氣），補充血液虧損，促進氣血循環，調整與改善內臟器官機能，使身體逐漸恢復健康，有病除病，無病強身。再者，由於丹田呼吸（竅呼吸）而形成的腹部內氣鼓蕩，能加強胃腸蠕動，增強消化功能，有助於吸收營養，提高新陳代謝能力。另外，入靜可使大腦得到充分的休息，消除疲勞，益智補腦，使之達到最佳狀態。

　　除了意守上中下三丹田外，還應意守命門，命門又稱後丹田。意守上丹田主煉神，意守中丹田主煉先天元氣，意守下丹田主煉精，意守後丹田主煉精氣轉化，入門功法是通過靜養先天元精、元氣、元神，以補後天精、氣、神之不足。通過修煉使得精足、氣盛、神旺，如此內壯外強，身體受益頗大。

　　經過入門功法的修煉，使內氣充盛飽滿，猶如皮囊之中充足了氣，行拳走架時，就能在心意的指導下，通過肢體的不斷內纏外繞，胸腹折疊運化，一開一合，一動一靜，一鬆一緊，使內氣鼓蕩，循經走脈，流轉不息。內氣發於丹田，歸於丹田，氣滿丹田實，而又入於骨髓，再由骨縫發出，經

丹竅，通三節，達四梢，運五行，康壯五臟，內壯神勇，使之成為剛柔相濟、至虛至靈、太極太和之混元球，達此境界，太極功夫就會有較大幅度的增長。

　　以下各種功法，雖多提為養氣、練氣，但實際上都是練意，通過練意而達到養氣、練氣的目的。

(一)無極椿

　　1.**功訣**：兩目平視注遠方，凝神片刻返神光，意領氣從祖竅降，一下湧泉四梢暢。

　　2.**動作**：（見圖一1）自然站立，兩腳分開同肩寬，腳尖朝前，兩膝微屈，兩胯微坐，兩腳踏地踩實，腳趾自然抓地。

　　頭正項豎，下頦內收，舌貼上顎，兩目平視。

　　脊柱豎直，鬆腰下塌，尾閭微向下、向前收斂，會陰內收，襠開圓，後腰命門處鬆開，虛心實腹，胸空微含，身體中正安舒。

　　兩臂放鬆垂於體側，沈肩墜肘，鬆腕垂指，手心朝裡，周身內外上下鬆弛舒展。

圖一1

　　3.**意念**：

　　⑴兩目平視遠方，注目一處（或物或樹木等），凝神片刻。此為摒除雜念，收心求靜。

　　⑵目光緩緩收回到眉間祖竅處視為一線，然後兩目輕閉，同時以意封閉雙耳，也就是聽而不聞。此為收視返聽。

(3)以意引氣從祖竅逐漸下降，經中丹田至下丹田，再分向兩腿下降到達腳心湧泉穴，同時全身骨節自上而下地循經竅節節放鬆並鬆開，週身筋肉皮膚毛孔也自上而下地放鬆鬆開，猶如一團氣水自上而下、經體內體表潺潺流淌到四梢。

(4)然後，開始入靜，進入無物無我、無形無象、無聲無息、空空洞洞的無極之境。

時間：整套功法練習時約十分鐘左右，單練此椿時應在三十分鐘以上，單練後收功。收功法見後。

(二)中環混元椿之一

1.功訣：雙手環抱抱腹前，三性歸一一氣連，丹田內吸貼命門，靜極生動見真元。

2.動作：（見圖一2）雙手自體前緩緩上升環抱於腰腹

前，指尖相對，相距約一掌寬，手心朝裡，鬆肩沉肘，雙臂要圓，背要圓，襠要圓，故又稱三圓椿。其餘動作要領同無極椿。

3.意念：

(1)以意引氣由祖竅下降，經體前任脈下行至中丹田。再由命門上行至體後夾脊處，分行左右肩井，經兩臂貫注到兩手勞宮和指梢，兩手心與中丹田相對相連。

圖一2

(2)意氣到達中丹田後，三性歸一，即內視丹田，內聽丹田，內想丹田。靜守片刻後，意領肚臍極為輕緩地往裡往後吸引，直到吸得不能再吸時（意想中覺得肚臍與命門相貼）

，腹部自然向前放鬆（也就是呼），這一吸是有意的，呼是無意的，以後就不再管它了，動就動，不動就守著它，也就是不管動與不動，三性歸一仍守著中丹田，忘卻鼻息。

　　時間：整套功法練習時此樁約練十分鐘左右，單練此樁時須三十分鐘以上。單練後收功。

　　說明：意守中丹田主練氣。中丹田的位置在臍內深處，是一個空竅，是先天元氣所在之處，嬰兒出生，剪斷臍帶，真陽歸於臍內，集中在中丹田。古人云：「真陽在，人命在；真陽散，人即亡。」故稱臍為命之蒂，可見中丹田是人生命的根源。古人又把中丹田比作土，可生萬物，「中央戊己土，萬物由此生」。意守中丹田，就是培養先天元氣，所以又稱「築基功法」、「入門功法」。丹田呼吸也就是「竅呼吸」，即先天呼吸法。三性歸一是本功法的入靜方法，內視、內聽、內想合一而守丹田，易於入靜，效果明顯，功夫容易萌動。

㈢中環混元樁之二

　　1.功訣：雙手如抱左右腎，神氣相合二竅分，命門一開氣海湧，靜觀後丹真炁生。

　　2.動作：（見圖一3）雙手仍環抱於腰腹前，沉肩合肘，塌腰斂臀，身微下坐，雙臂要圓，腰隙要圓，襠要圓。其餘動作要領同無極樁。

　　3.意念：

　　⑴意引氣由祖竅經體後督脈下降至命門處。

　　⑵稍停片刻，意念分至兩竅（即命門與兩腎之間的陰陽兩竅），再由後向前呼，即向肚臍前進（竅呼），肚臍自然

漸漸外充。

(3)當肚臍不能再充時，即由前丹田向命門方向吸（竅吸），如意守中丹田那樣，動就動，不動就守著它，還是三性歸一靜守命門後丹田。同樣忘卻鼻息。

時間：整套功法練習時約十分鐘左右，單練此樁時三十分鐘以上，單練後收功。

圖一3

說明：意守後丹田主練精氣轉化。命門是一個經穴名，其位置在與肚臍正對之腰部，即兩腎之間，又叫後丹田。兩腎與命門之間又有陰陽兩竅，用以調整命門與兩腎之間的平衡。意守命門對強壯腎氣幫助極大，腎氣足即可生精，精液充足，煉化成氣血，還精補腦，可益智長壽。

㈣下環混元樁

1.功訣：雙手提於恥骨處，藏修密室在下谷，一縮一伸三十六，任督相交周天路。

2.動作：（見圖一4）雙手自體側向小腹下弦處提托，合於恥骨處，指尖相對，相距二寸左右，手心斜朝裡上，塌腰斂臀身微坐，提尾閭、提肛、提會陰。其餘動作要領同無極樁。

3.意念：

(1)練功開始，兩眼向祖竅處視為一線後輕閉，兩耳以意封閉，意念與內視、內聽合一，下行經中丹田到達會陰竅。

圖一4

至於從何處下去，可不去考慮，只是意念、意聽、意想到達會陰即可。

(2)稍停，以會陰竅為中心，用眼神心意呼吸法進行操作，先吸後呼，即向會陰深處吸，吸時肛門同時緊縮上提。再從下丹田呼出，經兩腿下達腳心。一呼一吸為一次，共行九～十八次。

(3)操作完畢即靜守會陰竅，動與不動不必管，只要三性歸一靜守此竅。

(4)最後歸到中丹田，心意與內視、內聽也歸到中丹田，靜守片刻，即可結束，接做收功。

說明：意守下丹田主練精，會陰在肛門與前陰中間，下丹田在會陰的深處，男子相當於前列腺處，女子在子宮口，下丹田也是一個空竅。練意守下丹田，還可以將任督兩脈接通，使內氣循周身運行。

㈤上環混元椿

1.功訣：擎天立柱神氣閑，一攬靈氣祖竅連，有意無意是真意，無極虛靈復返先。

2.動作：（見圖一5）雙手從體側分開上行，由外朝前朝內攬回來，如摟球狀，十指相對，手心相對並與眉間印堂斜相對，相距約尺許。雙臂要圓，肩背要圓，襠要圓，其餘動作要領同無極椿。

3.意念：

(1)兩目平視遠方，凝視片刻後目光緩緩收回，同時，意領雙手將天地靈氣也緩緩攬回，一起收回到祖竅。

(2)兩眼向祖竅處視為一線後輕閉，同時以意封閉雙耳。

(3)稍停，以眉間印堂為中心，意向祖竅微微內吸，然後就不去管它了，若有若無，似守非守，不可專注。當祖竅處略有撐脹之感，意念即下行到中丹田，三性歸一靜守中丹田片刻後收功。如祖竅處撐脹感遲滯不下時

圖一5

，要反覆不停地配合緩緩下攬的手勢向下疏導至中丹田，直至其完全消失。

說明：意守上丹田主練神，上丹田就在兩眉之間正中深處。意識的活動都通過此竅，是「識神」的「出入之門」。意守時，不可專注，要虛虛地，若有若無、似守非守，能使神向下行，神氣相合在中丹田，就達到練神的目的了。

㈥雙手開合功

開合乃動中求靜之法，靜時亦靜，動時亦靜，開合動靜即為陰陽，開動為陽，合靜為陰，陰以陽為主，陽以陰為根，陰陽互濟，太極為真。一開百脈皆開，一合百脈皆合，形體鬆靜，意念遠長，使機體與天地自然渾為一體，機體得天地精氣之助，開合有力，氣血暢行，元氣與天地精氣相合，蓄聚丹田，借命門之火煉而為丹。

開之於肌膚，合之於骨髓，活潑於心機，鼓蕩於丹田，

開合呼吸皆在丹田，即丹田開合，丹田呼吸，前丹為氣之海，後丹為氣之根，開合出入皆在命門。命門與兩腎之間各有陰陽二竅，命門主生氣，為火為陽；腎宮主生精，為水為陰。陰陽二竅居其間，調中和，命門開合即為陰陽二竅之開合。養氣生精，精氣轉化，補於腦，還於身，營衛周身，益壽延年。

開合動靜而又意連雙手內外勞宮，合時意想手心內勞宮，開時意想手背外勞宮，因為手之三陰三陽經各繫於心、肺、大腸、小腸和三焦，所以雙手開合有助於調節三焦，平和陰陽，康壯五臟。

1.**功訣**：環抱丹田靜待動，勞宮相對意氣連，一開一合意綿綿，一呼一吸現真元。

2.**動作**：

(1)無極樁站立。雙手自體側向前上提，合於腹前，兩臂微屈，兩手心相對，相距二寸左右，指尖朝前，兩目下垂（見圖一6）。

(2)靜守丹田片刻後，手背朝外一掤，微微展開，胸腹同時微微展開（見圖一7）。

(3)開勢不停，兩手如拉橡皮筋般緩緩向兩側拉開，兩目餘光照顧到兩手（見圖一8）。

(4)由開變合，兩手慢慢向中間合攏，回到圖一6位置。如是反覆開合十八次後收功。

3.**意念**：

(1)意引氣從祖竅下降到中丹田，然後，意想兩手心勞宮穴相連，三性歸一意守兩手勞宮。

(2)待手心發熱有氣感後，意想手背外勞宮欲向外開，丹田欲開，命門欲開，體內如充氣一般，周身皮膚毛孔皆欲開。

(3)然後，意領外勞宮向外開，意開則手開，意開氣連綿，同時意想命門也開。

(4)當意想中感到不能再開時（雙手氣場仍不斷），意領手心內勞宮向內合，意合則手合，勞宮氣相吸，同時，意想丹田合，週身隨之都合。

手的開合與心意呼吸的配合要張弛有序，又要從容自然。開時吸，合時呼或開時呼，合時吸皆可。眼神心意全傾注在內外勞宮，意聽勞宮呼吸，意視勞宮呼吸，意想勞宮呼吸，吸之綿綿，呼之微微，順其自然，忘卻鼻息。

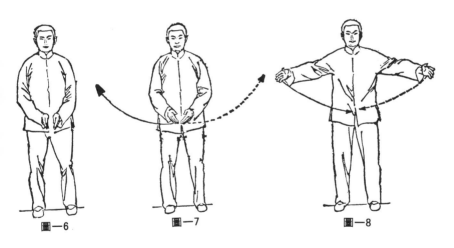

圖─6　　　圖─7　　　圖─8

(七)日月旋轉功

日月即天之陰陽，天為乾為陽，地為坤為陰，日為陽中之陽，月為陽中之陰。以人比喻，胸為乾為陽，腹為坤為陰，心與肺位居胸中膈上而繫於背，為背之二陽臟，心為陽中

之太陽，肺為陽中之太陰。所以，人體日月即為心肺。

中國醫學認為：心肺主明而陽盛，則氣化正常，十二臟腑則康；主不明而陽衰，則氣化不足，十二臟腑則危，使氣道閉塞不通，形乃大傷。又認為：心為生命之本，主神明；肺為氣之本，主治節。日月旋轉功即心肺轉摩功，心肺得以轉摩，則陰陽得以平和，五臟得以康壯。轉摩又為導引，配合胸腹開合折疊運化，以意行氣，週流貫注，調理三焦，營衛周身。

1.功訣：轉摩雙胸心肺連，胸腹折疊開合間，三陰三陽通五臟，混元一氣體內旋。

2.動作：

(1)無極站立。雙手緩緩提至胸前，手心朝裡對著雙胸，指尖相對，雙目下垂（見圖一9）。

(2)先正轉摩，即雙手由下至外至上再轉向裡，同時，胸腹由開變合（見圖一10）。

(3)後反轉摩，即雙手由上至外至下再轉向裡，同時，胸腹由開變合（見圖一11）。

正反轉摩各四十九次。收功。

3.意念：

(1)意引氣從祖竅下降至中丹田，然後意引氣經命門，循體後上行，分行左右兩肩、兩臂至兩手勞宮，氣貫指梢，意想勞宮及指梢之氣與體內臟腑相連，舌抵上顎，會陰內吸。

(2)用眼神心意呼吸法，配合雙手內外合一地轉摩導引，開時吸，合時呼，忘卻鼻息，純繫自然，即用心意想著呼吸。

正轉摩四十九次後，舌抵下海，嘴唇微開，小口向外呼氣（呼氣即為排除濁氣），同時鬆氣鬆身，氣歸丹田。換氣

後再行反轉摩，四十九次後同樣呼氣，鬆氣鬆身，氣歸丹田，然後收功。

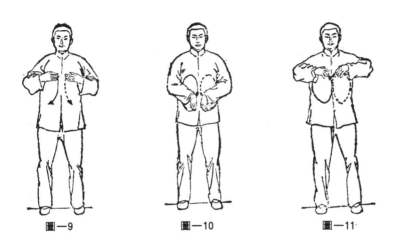

圖—9　　　　　　　圖—10　　　　　　　圖—11

六、混元二十四式太極拳

㈠圖解說明

1.方向：本拳圖解起式時，以面朝南為前，背朝北為後，左為東，右為西，動作開始以後，以人體為準，面向者為前，背對者為後，左右均隨人體。

2.路線：圖上的線條標明從這一動作到下一動作所經過的路線，左手左腳的運動路線由虛線表示，右手右腳的運動路線由實線表示；箭頭表示該動作的終點，也是下一個動作的起點。身、手、步從此處到彼處的運動都是弧形運動，而形成整體的螺旋運動。為了表述清楚，拳照和文字對動作做了分解說明，但在練拳時應連貫流暢。文字說明中，不論先寫或後寫身體某一部分的動作，各運動部位都要同時協調運動，由此而達到太極拳「一動無有不動」、上下相隨、內外合一、周身一家的要求。

3.纏絲：手臂運行時，凡小指經過手心向拇指側方向的旋腕轉膀、沉肩合肘的運行為順纏；凡由拇指經過手心向小指方向的旋腕轉膀、鬆肩開肘的運行為逆纏。腿腳運行時，凡外旋運行為順纏，凡內旋運行為逆纏。身體運行時，胸腹要有開合折疊纏絲，胸腹正開或斜開為逆纏；胸腹正合或斜合為順纏。纏絲時，週身上下左右一纏皆纏，十八個關節部位同時進行順逆纏絲。

4.運行軌跡：在練拳即描繪太極圖時，一般有豎圓、平

圓和立圓三種典型的圓形軌跡，並根據方向的變化而產生不同方向的斜圓形軌跡。現將三種圓形軌跡說明如下。

⑴豎圓軌跡：凡沿左上右下或右上左下路線運行的為豎圓軌跡。如圖甲所示。

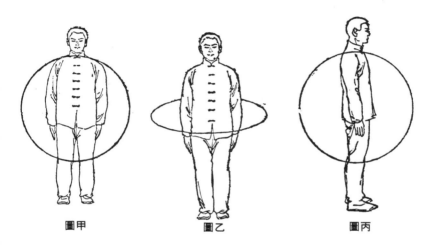

圖甲　　　　　　　　圖乙　　　　　　　　圖丙

⑵平圓軌跡：凡沿左前右後或右前左後路線運行的為平圓軌跡，如圖乙所示。

⑶立圓軌跡：凡沿後上前下或前上後下路線運行的為立圓軌跡，如圖丙所示。

在分解動作說明中，將豎圓軌跡上下分開時，上半圓路線為上弧線，下半圓路線為下弧線；將平圓軌跡左右分開時，左側的半圓路線為左弧線，右側的半圓路線為右弧線；將立圓軌跡前後分開時，前半圓路線為前弧線，後半圓路線為後弧線。斜圓形的弧線，在出現時注明方向。

5.時間：本套路的練習宜慢不宜快，要求靜心慢練，平心慢運，細心行拳，每遍約需六分鐘左右。每次練幾遍由習

練者自己酌定。靜心慢練拳，多練不傷身，越練越長功。

　　6.每式動作均從「外形螺旋路線」和「意氣運行路線」兩個方面加以表述。習練者在初期階段應以「外形螺旋路線」結合要點練習，待拳式動作純熟、通順、連貫、圓活之後，再參照「意氣運行路線」，以意行氣，以氣運身，意到氣到，氣行形隨，而達到意、氣、神、形合一的境界。「意氣運行路線」只是提供一個大概的路線，僅供參考，不可刻意追求氣的運行路線。練氣則滯，練意則活，全憑心意用功。練到功行圓滿時，內氣自會豁然貫通，浩然運行，週流全身。

(二)拳式圖解

1.無極起式

⑴無極式

　　①姿勢：自然站立，兩腳距離同肩寬，兩臂自然鬆垂於體側，兩手心朝內，指尖自然下垂，頭正項豎，兩目平視（圖二1）。

　　②要點：頂勁虛虛領起，舌貼上顎，脊柱豎直，腰部放鬆下塌，尾閭微向下、向前收斂，命門自然鬆開，胸廓鬆空微含，虛心實腹，意沈丹田；兩胯鬆開微微下坐，會陰內收自然圓襠，兩膝微屈，兩腳沈穩踩實，兩腿節節放鬆下沈，腳趾自然抓地；兩肩鬆開下沈，兩肘鬆開下墜，兩手鬆腕舒指，氣自然到指梢。其中，應有意識地做到兩肩和兩胯、兩肘和兩膝、兩手和兩腳上下相合，內外相連，意、氣、神、形融為一體，則周身自然內外六合。

　　如此默立三至五分鐘，在念止、心靜、神寧、平和、體舒、形順之中漸呈一片無物無我、無形無象、無聲無息的空

洞覺明景象，四肢百骸感到蕩然無存，即進入無極虛靈之境
，以靜待動。當靜至極時，氣機一動，遂太極生焉。此時練
拳最妙。故本套路由無極式開始。

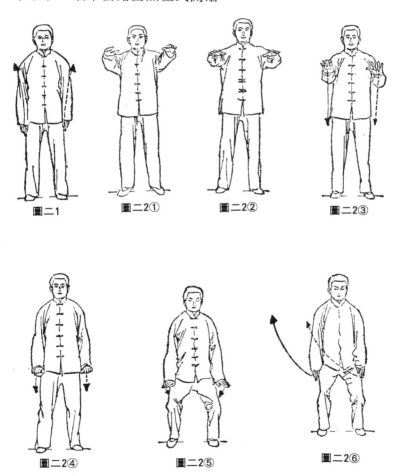

圖二1　　圖二2①　　圖二2②　　圖二2③

圖二2④　　圖二2⑤　　圖二2⑥

⑵起式

①外形螺旋路線：

動作一：隨心意後引，兩手先領臂微內旋略朝身後蓄引，再隨著心意前上，以腕領臂徐徐地向前上方弧形上掤至腕背高與肩平，舒指自然下垂，兩目平視前方。此為「掤勁」，掤點（此點是內勁在該勢該處的落點，由意注而顯現）在腕背（圖二2①）。

動作二：兩手十指隨眼神心意前趨的引領，漸漸向前平展伸擠。此為「擠勁」，擠點在指梢（圖二2②）。

動作三：兩腕下坐，十指自然向前上翹，以肘領臂斜向後下方沉著虛靈地擺引至腰兩側，手心朝下，指尖朝前，目視前下方。此為「擺勁」，擺點在掌心（圖二2③④）。

動作四：隨心氣下沉，重心下降，雙目下垂，鬆胯下坐，兩手沉穩地按落於兩胯外側，手心朝下，指尖朝前。此為「按勁」，按點在掌根（圖二2⑤）。

隨即，心氣放鬆，周身放鬆，兩手鬆腕舒指下垂，復歸無極（圖二2⑥）。

要點：

①上掤時，兩肩鬆沉下塌，身體隱隱沉坐，形成對稱相開，充滿彈性的掤勁。

②兩臂前擠時，腰背隱隱後倚，形成「前去之中必有後撐」的沉穩而有彈性的擠勁，同時體現出上肢「梢領、中隨，根催」的三節勁。

③後擺時，目光緩緩收回，兩肘圓活虛靈，兩膝微屈，兩胯微坐，形成伸屈自如而有彈性的擺勁。

④下按時，兩腿繼續屈蹲，兩胯繼續下坐，身體帶動兩手下按，意仍在掌根；放鬆時，要體現出「心氣一下無不俱

下」心氣一鬆周身皆鬆的鬆虛之勢。起式要連貫圓順。

②意氣運行路線：心意後引時，內氣由下丹田蓄引至後丹田，手隨意動，同時後引，心意上掤時，內氣由命門出發，循體後督脈上行至兩肩兩肘兩腕，兩腕領氣虛虛上掤而形成掤勁；心意前趨，氣貫指梢伸擠而成擠勁；心意回引，氣從梢端返回兩肘形成捋勁；隨心意下沉，內氣降至丹田，兩手領氣下按而形成按勁；最後心氣一鬆，氣歸丹田。

2.金剛搗碓

⑴外形螺旋路線：

動作一：隨心氣右轉鬆領，兩腕放鬆，領臂向右上方提引，兩手指尖皆自然下垂，身體右轉，右腿實，左腿虛（圖二3①）。

在腰胯帶領下，上體向左轉，重心左移，左腿外旋，右腿內旋；兩臂放鬆下垂，以腕背領臂，沿豎圓軌跡的下弧線向左前上方緩緩掤領，兩臂微屈，兩腕高與肩平，手指自然下垂；目視左前方（圖二3②）。

隨即，兩手左順右逆纏繞旋掌，手心皆朝前，指尖皆朝左（圖二3③）；隨身體右轉，兩手沿豎圓軌跡的上弧線經臉前向右前方徐徐捋引，手高與肩平，兩手心皆朝右前方，指尖皆朝前上方，同時重心右移，右腿外旋，左腿內旋；目隨手運，注視左手方向（圖二3④）。

心氣下沉，重心下降，鬆胯下坐，兩手左逆右順地沿豎圓軌跡的右弧線沉按至右胯前，兩手心斜朝右下方，指尖皆朝右前方，目視右下方（圖二3⑤）。

腰向左轉，重心左移，左腿外旋，右腿內旋，兩手經腹前沉穩地向左前上方伸擠，左手高與胸平，手心朝左下方，指尖朝前上方；右手屈臂環繞於胸前，肘不貼肋，手心朝左

，指尖斜朝左前方，頭隨身轉；目視左前方（圖二3⑥）。

動作二：上勢不停，周身放鬆，身體右轉，重心右移，右腿外旋，左腿內旋，以身領兩臂鬆落於右小腹前，兩手心朝內，鬆腕、舒指下垂（圖二3⑦）。

兩手左逆右順纏向右上方繞轉引領，兩手心朝前，指尖皆朝右（圖二3⑧）。

在眼神左顧右盼的引領下，腰向左轉，重心左移，左腿外旋，右腿內旋，以身領兩手沿平圓軌跡的前弧線向左攦引，再左順右逆纏繞翻掌（圖二3⑨）；腰再向右轉，左腿內旋為實，右腳以腳跟為軸，隨腰右轉，腳尖外撇朝右（西），以身領兩手沿平圓軌跡的前弧線向右（西南角）攦引，兩臂沉肩墜肘，左手心朝右上方，右手心朝右前下方，頭隨身轉；目視右前下方（圖二3⑩）。

動作三：重心右移，右腿屈膝坐胯踩實，左腿鬆胯虛腳（圖二3⑪），然後左腿屈膝徐徐向右上方提起（圖二3⑫）。

右腿屈膝下蹲，左腳跟內側貼地向左前方開步，腳尖斜朝右上方，同時，兩手向右後方平攦伸展，形成手足對開勢，左手屈臂環繞於胸前，右手向右後方伸展，兩手心皆朝後，指尖斜朝上，頭向左轉；目視左前下方（圖二3⑬）。

動作四：心氣下沉；腰向左轉，重心左移，左腿屈膝前弓踏實，右腿由實變虛微伸展，以身領兩手沿豎圓軌跡的右下弧線經腹前向左前下方緩緩鬆落，兩手心朝內，指尖自然下垂；目視左前下方（圖二3⑭）。

腰向右轉，以身領兩手，左手順纏、右手逆纏，沿豎圓軌跡的左上弧線經胸前向右後方攦引。左手心斜朝右後上方，指尖朝前上方；右手心斜朝右後下方，指尖朝右上方。左

臂屈肘環繞於胸前。重心順勢後移，右腿實，左腿虛；目視左手方向（圖二3⑮）。

腰向左轉，左腿外旋，腳尖外撇，重心漸向左腿過渡，左手隨轉體先沿右下弧線下攦、再向左前方逆纏伸擠，手心朝前下方，指尖朝右；右手同時向右後下方鬆落，手心朝後下方，指尖朝後；目視左手方向（圖二3⑯）。

重心移到左腿，右腳順勢向前上步，前腳掌虛著地；同時右手邊握拳邊沿立圓軌跡的後下弧線經右胯外側向前上方屈肘上勾，拳面朝上高與下頦平，拳心朝裡，左手隨之順纏、由左向右、向裡按落至右前臂上，手心朝下，指尖朝右；目視右拳（圖二3⑰）。

動作五：鬆氣下沉，右拳沉緩地向下鬆落至右胯前，拳心朝左，拳面朝下，左手同時向上鬆抬至胸前，手背朝上，指尖朝右；目視前下方（圖二3⑱）。

在眼神心意的引領下，右拳逆纏沿立圓軌跡的後弧線緩緩地屈肘上提，高與耳平，拳背朝上；同時，左手順纏沿立圓軌跡的前弧線緩緩地向下沉落至左胯前，手背朝下，指尖朝右下方；同時右腿屈膝上提，小腿鬆垂（圖二3⑲）。

隨即，心意領氣下沉，周身放鬆，右腳鬆沉踏地，兩腳同肩寬，右拳鬆沉地向下一搗，拳背落於左手心，左手右拳疊合於腹前，重心仍在左腿；目視前下方。此為金剛搗碓定式（圖二3⑳）。

要點：

①圖二3①為「欲左先右」的鬆蓄勢，身體各個部位都要放鬆鬆開，內氣才得以輸送周身。圖二3②至⑥形成了沿左上右下豎圓軌跡運行的順逆纏絲、螺旋升降的太極混元圈，掤、攦、按、擠四正勁又包蘊其中，即左上掤領為「掤勁」

圖二3①

圖二3②

圖二3③

圖二3④

圖二3⑤

圖二3⑥

圖二3⑦

圖二3⑧

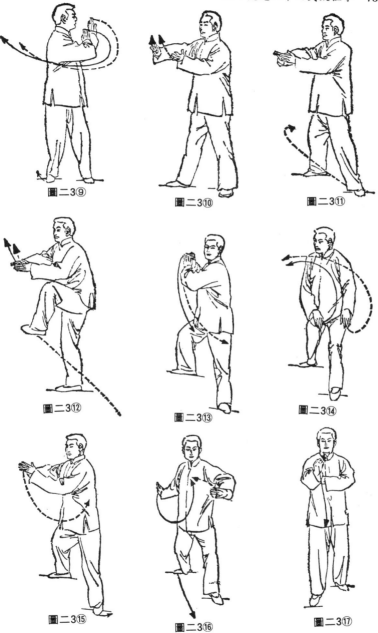

圖二3⑨

圖二3⑩

圖二3⑪

圖二3⑫

圖二3⑬

圖二3⑭

圖二3⑮

圖二3⑯

圖二3⑰

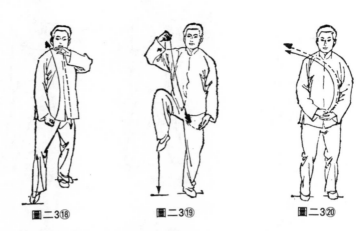

圖二3⑱　　　　　　　圖二3⑲　　　　　　　圖二3⑳

，掤點在腕背；右前攦引為「攦勁」，攦點在兩手；右下沉按為「按勁」，按點在掌根；左前伸擠為「擠勁」，擠點在掌心。同時兩腿隨勢變換虛實，調整重心。一動無有不動，一動就有開合，就有陰陽，開合全憑胸腹折疊運化，陰陽全靠兩腰隙的虛實轉換；而又一纏無有不纏，兩臂順逆纏，兩腿內外旋，周身俱是纏絲圈，而又都是在眼神心意的引領下，即意、氣、神、形合一地描繪了一個太極圖。

　　②圖二3⑦⑧又形成「欲左先右」的鬆蓄勢，同時體現了此處的鬆緊變化。鬆緊即為陰陽，即為剛柔。一鬆一緊而陰陽互濟，一鬆一緊而剛柔相濟。內氣出於丹田，而又歸於丹田，內氣得以鼓蕩，神氣得以相合。所以在勢與勢的銜接、式與式的轉換之間，都要細心地體會出鬆與緊的變化來。緊與鬆是相對而言，緊不是緊張，更不是僵硬，它是內氣出於骨縫、通於經竅、行於經絡、充於肌膚的表現；鬆不是鬆軟，更不是散漫無力，它是內氣入於骨縫歸於丹竅、心腎相交，神氣相合的內涵。圖二3⑨⑩為左右平攦勢，要以腰為

軸，圓活自如、鬆虛順遂地運行，特別要留意兩腰隙的虛實轉換，即刻刻留意在腰隙。此勢對「氣通帶脈」很有幫助。

③圖二3⑪至⑬，重心右移時，右膝不要超過右腳尖，落氣至右腳心而鬆胯踏實，兩肩、兩肘、兩手要鬆沉相合，上虛下實，則左膝上提才不致搖晃不穩，左腳開步時，要如履薄冰，與兩手的後攦要配合得當，協調一致，勻速對稱，一氣呵成。

④圖二3⑭⑮又形成了沿右下左上豎圓軌跡運行的順逆纏絲圈，其中又包蘊了「按、擠、掤、攦」的四正勁，同時又體現了鬆緊的變化，胸腹要有折疊，周身渾圓一體。圖二3⑯左手斜攦時，肩、肘、手三節勁，依次纏繞，節節伸展，左腿同時外旋，上下相隨；圖二3⑰，上右步、握拳、合手要同時完成，拳到腳到手到，上下齊進。

⑤圖二3⑱中，右拳與左掌上下對拉的配合，形成了左上右下的對開鬆蓄勢，氣要下沉，腰要鬆塌，能鬆沉則氣騰然。圖二3⑲，右拳與左掌是沿後上前下的立圓同時繞轉半圈而合為一圈的，對開時，左腰隙向下沉墜，右腰隙向上懸提，形成勻稱協調、上下對拉、中正不偏的整體勢，右膝是由右拳上提自然帶上來的，右胯、膝、腳三節要放鬆鬆開，若斷若連，毫無拙力，為鬆氣震腳做好準備。震腳時，切不可努氣用力，使勁跺踏，不可為追求形式上的「整勁」和聲音，使骨節筋肉緊張，而導致傷骨、傷筋、傷腎、傷腦、傷氣、傷身。震腳是鬆氣鬆勁所致，是身心俱鬆的表現，意到氣到，氣到勁自然到，積柔而成剛。定勢時，復歸太極原象，心內一片太和。

⑵**意氣運行路線：**

動作一：隨心氣右轉蓄引，兩手臂緩緩向右提引，而後

，在心意纏繞的引領下，內氣由丹田出發，沿帶脈左右旋轉的同時，氣流在體內做左升右降的圓形運動，並漸漸向上下四旁渾灝流行，出於骨縫，貫於經竅，充於肌膚，兩手腕領氣左轉上領而形成掤勁，兩手領氣向右轉引而形成擺勁，向下沉按形成按勁，向左前方伸擠而形成擠勁，從而形成一個意氣神形合一、沿左上右下路線螺旋沉降的纏絲混元氣圈。

動作二：心氣放鬆，兩臂放鬆，身體右轉，內氣復鬆回丹田；以意領氣由命門循體後上行，貫注於兩肩兩臂，兩手領氣左逆右順纏並向右上方引領；在眼神心意左顧右盼的引領下，丹田左轉，內氣沿帶脈向左轉圈，同時兩手領氣向左後方平擺，左順右逆纏繞至指梢，再隨丹田右轉，氣沿帶脈由前向右轉圈領身右轉，兩手領氣向右前方平擺，同時落氣至左腳心。

動作三：氣沉丹田，再落至右腳，重心移至右腳，意領氣由左腳上行至左膝，領左膝上提而形成膝掤勁；復下行至左腳湧泉，領左腳貼地前邁，同時兩手領氣後擺，貫注手心勞宮，形成內氣分行的對開勢。氣雖上下分行，卻並非二股，實為一氣而分陰陽運行，中氣貫注脊背。

動作四：隨心氣下沉，內氣鬆至丹田，身體左轉，落氣至左腳湧泉，兩臂同時向左下方鬆垂，鬆氣到指梢；在心意纏繞的引領下，丹田左上右下旋繞，氣流在體內左上右下地暢行，並在兩臂、兩腿內纏繞流轉：兩手領氣先左順右逆纏絲流回到左腋和右肩，領兩臂向右上方掤擺，左手向左前下方擺按伸擠時，領氣由腋逆纏流轉至手心勞宮，右手領氣由肩順流而下至指梢，同時左腿外旋，意領氣下行到左腳湧泉，然後落氣踏實，意領右腳上步，右手指梢抓氣握拳向前上勾，氣貫拳面，左手隨之合於右前臂上方，氣至指梢，兩臂

領氣相合於胸前。

　　動作五：心氣下沉，內氣鬆沉至丹田的同時，右拳領氣下沉，左手領氣上抬，兩臂陰陽二氣隨之相開；隨丹田沿立圓軌跡後上前下旋轉的同時，意領氣循體後督脈上行，右拳領氣沿立圓軌跡的後弧線上提，左手領氣沿立圓軌跡的前弧線下沉，陰陽二氣隨之沿立圓路線繞轉相開，同時意領右膝上提，氣貫膝部；意領氣沿體前任脈下降，沉至丹田時，鬆氣、鬆身、鬆腳、鬆手，震腳搗拳，陰陽二氣復又相合，形成了一個後上前下立圓繞轉的混元氣圈。

3. 懶扎衣

　　(1)**外形螺旋路線：**

　　動作一：在眼神心意的引領下，腰微左旋再右轉，重心微上升並向右腿過渡，左手抱右拳沿斜立圓軌跡的左後上弧線向右前上方旋腕掤提，高平鼻準，手背、拳背皆朝外；目視兩手方向（圖二4①）。

　　腰左轉，重心下降偏於左腿，兩腿鬆胯屈膝下蹲，隨身左轉，左手抱右拳沿斜立圓軌跡的右前下弧線緩緩鬆落至左胯前，手心拳心皆朝上；目視左前下方（圖二4②）。

　　動作二：右拳變掌，經左臂內側向左上方穿出，手心朝後上方，指尖朝左上方，右臂屈於胸前，左臂屈肘合於右前臂外側，手心朝右下方，指尖斜朝前（圖二4③）。

　　兩手漸漸逆纏相合，兩手心翻轉朝下（圖二4④），隨心意開展，腰向右轉，重心向右上移，以身領兩臂向右上左下展開，右手手心朝右前方，指尖朝前上；左手手心朝下，指尖朝左；頭隨身轉，目視右手前方（圖二4⑤）。

　　隨心氣下沉，腰向左轉，重心下降，兩腿鬆胯稍下沉，左腳實，右腳虛；兩臂鬆肩、鬆肘、鬆腕，分別沿豎圓軌跡

的左上、右下弧線順纏相合到胸腹前，右手合到右腹前，手心朝左，指尖朝下；左手合到胸前，手心朝右上方，指尖朝右前方；目視前下方（圖二4⑥）。

兩手逆纏，右手鬆合到左腹前，左手鬆合到右肩前，手心朝下（圖二4⑦）。隨心意一開，兩手領臂向左右兩側切掌，手心皆朝下；同時右腳貼地向左腳內側收回，腳跟微抬成虛步，形成上開下合勢；目視前下方（圖二4⑧⑨）。

隨即，心氣下沉，左腿屈膝下蹲，右腳跟內側貼地向右橫開一步，腳尖朝右前方；同時，兩手分別沿豎圓軌跡的右下、左上弧線順纏交叉合於胸前，右手手心朝左後方，指尖朝前下方；左手合至右肩前成立掌；目視右前下方（圖二4⑩）。

動作三：腰微左轉，右手經前向上、向左後方逆纏繞轉半圈，合於左臂外側，手心翻轉朝左下方，指尖朝左後上方，兩臂抱肩合肘，周身撝裹相合；目先向左顧，後轉視右前下方（圖二4⑪⑫）。

隨眼神心意右盼引領，腰向右轉，重心漸漸右移，右腿外旋屈膝前弓，左腿內旋伸展，同時，以身領右手沿平圓軌跡的前弧線向右前方徐徐開展，左手順纏下落到右腹前，隨心氣下沉，周身放鬆，右腿暗暗內旋踩實，左腿微外旋，兩腿鬆胯，氣沉丹田；同時，右手順纏放鬆，沉肩墜肘，手心朝右前下方，指尖轉而上豎，左手隨之拉至左腹前，手心朝上，指尖朝右；目視右手方向。此為懶扎衣定式（圖二4⑬）。

要點：

①圖二4①②，左手抱右拳划一個右斜立圓，同時胸腹開合折疊，腰、背、臀隱隱後撐；兩腕有旋繞之意。身體隨

圖二4①　　　　　圖二4②　　　　　圖二4③

圖二4④

圖二4⑤

圖二4⑥

圖二4⑦

圖二4⑧

圖二4⑨

圖二4⑩

圖二4⑪

圖二4⑫

圖二4⑬

著重心升降的變化而伸拔下沉，形成整體、活圓、連貫的立圓圈。

②圖二4③至⑥，形成一個沿左上右下豎圓軌跡運行的雙臂順逆纏絲開合圈；圖二4③④為「欲開先合」、「合之再合」的蓄合勢；兩臂伸展斜開時，兩肩、兩肘、兩腕應依次伸展，節節相開，胸腹同時折疊相開，兩臂順纏相合是隨胸腹相合而相合的。圖二4⑦為「欲開先合」的鬆蓄勢，意念右盼，貫注右肩右臂和右腳；圖二4⑧雙分手時，應與右腳回收協調一致，同時運行，右腿要鬆虛毫無拙力；同樣，圖二4⑨上合下開時，亦要協調一致，同時完成，手到腳到。此二勢皆以右手右腿為主，而形成上開下合、上合下開之勢，二勢的銜接處有一個自然的鬆蓄換勁勢，不要含糊帶過。上合時，右肩有倚靠之意。

③圖二4⑩⑪為左顧折疊蓄合勢，又體現了太極拳特有的「欲右先左」的折疊纏絲勁，使週身內外、意氣神形更為緊密地融為一體，如彈簧受壓一樣，包蘊著充足的彈性，蓄而後發，右臂向右開展時，全憑腰轉，肩、肘、手依次伸展，臂彎如滿月，此時右臂為逆纏，右腿為順纏；定勢時，右臂順纏放鬆，右腿暗暗逆纏，鬆胯調整重心，上下鬆沉合住勁，即肩與胯、肘與膝、手與腳上下相合，右指尖、右膝尖，右腳尖三尖相對；左手向左下拉時要與右手配合而形成左屈右伸的對開勢。周身骨縫皆鬆開，四肢百骸齊照應，精神意氣合丹田，虛領頂勁中氣穿。

(2)**意氣運行路線：**

動作一：在心意纏繞的引領下，隨胸腹開合折疊運化，內氣由丹田出發，循體後督脈上行，並向兩臂宣發，再經體前任脈下降歸至丹田，左手、右拳同時領氣沿左後上、右前

下的斜立圓軌跡繞轉一圈，形成斜立圓的混元氣圈，雖為斜氣圈，中氣貫注脊髓而一氣貫通。

動作二：隨心氣蓄合，兩臂相合，週身相合，中氣斂於骨髓；心氣一開，內氣發於丹田，通於脊背，沿兩臂逆纏流轉，沿兩腿纏繞流淌，而出於骨縫，通經竅，充於肌膚，貫注四梢，兩手領氣向右掤展、向左伸按，而形成斜開弓勢，隨心氣下沉，胸腹相合，內氣經體前下降至丹田的同時，兩手領氣順纏回流亦合到胸前，並入於骨髓，而形成雙臂順逆纏絲氣圈。心氣再開，內氣浩然向左右兩旁宣發，發於骨縫，充於肌膚，貫達兩手，而形成分掌雙切勢，意領右腳收回；心氣再合，周身之氣合至丹田，兩手領氣順纏回流而交叉相合，右腳領氣同時旁開一步。

動作三：隨心意左顧折疊，內氣沿帶脈左轉圈的同時，氣貼脊背，入於骨髓，右手領氣左轉纏繞合於左臂外側，同時斂氣入骨；然後，隨心意右盼相開，內氣沿帶脈右轉圈時，領身右轉，並循脊背上行至兩肩、兩臂，出於骨縫，貫於經竅，充於肌膚，達於指梢，右手領氣逆纏開展，右腿領氣順纏旋繞，隨心氣下沉，周身之氣鬆回到丹田，右手順纏領氣回流至胸腹下降至丹田，右腿領氣微逆纏下落至右腳湧泉。

4.六封四閉

(1)外形螺旋路線：

動作一：身體放鬆，右臂向下鬆垂（圖二5①），在心意纏繞的引領下，腰微右轉再左轉，右手沿豎圓軌跡的左上弧線逆纏繞轉至右上方，手心朝右前下方，指尖朝右上方；左手同時圍繞肚臍左上右下地繞轉一小圈；目隨手運，眼看右手方向（圖二5②）。

　　腰向左轉，重心漸漸左移，左腿外旋弓屈，右腿內旋伸展，以身領右手沿豎圓軌跡的右下弧線順纏攦引至右胯前，手心朝左下方，指尖朝右（圖二五③）。

　　動作二：腰向右轉，重心漸漸右換，右腿外旋屈膝，左腿內旋徐徐伸展，同時，兩手逆纏至胸前交叉相合（圖二5④）、手背相貼，向右伸擠，兩臂撐圓，左手在內，手心朝裡，指尖朝右；右手在外，手心朝前下方，指尖朝左，目視兩手方向（圖二5⑤）。

　　動作三：兩臂放鬆，兩手沿左上右下的環形軌跡旋繞一小圓後漸漸分開，右手心朝前上方，指尖朝左上方；左手心朝裡，指尖朝右；目視雙手（圖二5⑥）。

　　腰向左轉，重心漸漸左移，左腿外旋，右腿內旋，以身領兩手沿右弧線向左下方順纏攦引，左手心朝裡，指尖朝右下方，右手心朝前，指尖朝右（圖二5⑦）。

　　上勢不停，腰繼續左轉，左腳踏實，右腳虛展，以身領兩手向左上方徐徐掤領而成捌手勢，左臂沉肩墜肘，左腕高與眉平，手心虛含斜朝裡，指尖斜朝右下方；右臂屈肘，肘不貼肋，右手展掌上托至右胸前，手心朝左上方，指尖朝前下方；目視左手方向（圖二5⑧）。

　　動作四：身體微右轉，兩手鬆合於胸前（圖二5⑨）；再隨腰圓活左轉，胸腹相開，兩手沿下弧線向下，向兩側分開（圖二5⑩），再經體兩側沿上弧線向上繞轉相合至左肩前，兩臂屈肘，肘不貼肋，兩手心斜朝前上方，指尖斜朝後上方，目視右前下方（圖二5⑪）。

　　隨即，在眼神心意右盼的引領下，腰向右轉，重心右移，右腿外旋弓屈踩實，左腳順勢向右腳內側收移，前腳掌虛著地，兩腳同肩寬；同時，以身領兩手沉穩地向右前下方逆

圖二5①　　　　　圖二5②

圖二5③　　　　　圖二5④

圖二5⑤　　　　　圖二5⑥

圖二5⑦　　　　圖二5⑧

圖二5⑨　　　　圖二5⑩

圖二5⑪　　　　圖二5⑫

纏斜按至右胯前方，兩臂沉肩墜肘坐腕，兩手心朝前下方，虎口斜相對；目視右前下方。此為六封四閉定式（圖二5⑫）。

要點：

①圖二5①至③，兩手纏繞應隨胸腹開合折疊而運行，左手同時配合丹田內轉，內外合一地旋繞，右手是沿豎圓軌跡的左上右下弧線順逆纏繞一圈，兩腿亦同時旋繞，從而形成意氣神形內外合一、周身俱纏的纏絲勁。

②兩手交叉相合伸擠時，兩臂抱肩合肘，與腰、背、臀裹住勁，並隨兩腿左蹬右弓勢而伸擠，形成起於足、主宰於腰、通於背、形於手的整體勁，周身猶如充滿氣的圓球而有圓撐膨脹之意。

③圖二5⑥形成「欲左先右」的折疊纏絲圈；圖二5⑦左轉攔引時，周身要圓活、流暢，有高山流水之情趣，左肩背與左臀胯有倚靠之意；圖二5⑧變捌手時，兩肩、兩肘、兩手要對稱相合，並與兩胯、兩膝、兩腳對應相隨，兩腿開胯圓襠，上虛下實。

④圖二5⑨至⑪，兩手環形旋繞時，要全憑胸腹折疊開合和腰胯的旋擰圓轉，這樣才能使周身更圓活、氣機更流暢。向右下前方斜按時，以右手為主，左手為輔，而有肩靠、肘靠、手靠、胯靠、膝靠之意，手到腳到身體到，一到全到，一氣呵成。定勢時，脊柱要豎直，鬆腰斂臀，鬆胯下沉，上虛而下實，肩胯、肘膝、手足上下相合，周身骨節均要節節鬆開而對準，不偏不倚，不歪不扭，中定平準，意沉丹田。

⑵意氣運行路線：

動作一：在心意纏繞的引領下，丹田內轉，胸腹折疊，內氣浩然流轉，並向上下四旁暢行。右手領氣逆纏繞轉時氣貫指梢，順纏攔引時氣回流經右腋至胸歸於丹田，左手領氣

配合丹田旋繞後也回到丹田，同時落氣至左腳心。

　　動作二：意領氣由後丹田直貫前丹田的同時，領左腳之氣上行入腹合為一股，由命門而上行經脊背貫達到兩肩兩臂，兩手領氣伸擠，並落氣至右腳心，形成左蹬右弓勢。

　　動作三：心氣一鬆，內氣鬆回到丹田，入於骨髓。在心意纏繞的引領下，內氣復由命門循體後督脈上行，貫達兩肩兩臂，兩手領氣左上右下折疊纏繞一圈。內氣出於骨縫、通於經絡，充於肌膚，而貫注至手心指梢。然後兩手繼續領氣下攦，並向左上方掤領，而形成捌手勢。兩手之氣相抱如托球，落氣至左腳湧泉。

　　動作四：心氣放鬆，周身之氣復鬆回丹田，兩手隨之領氣下鬆。隨丹田左轉，內氣再由命門出發，經脊背上行，分行至兩肩兩臂，兩手即領氣環形繞轉上合，經指梢返回貫注至兩手勞宮，內氣同時匯合到胸前。隨心意右盼斜按的引領，內氣由胸前下降沉至丹田的同時，兩手領氣向右下前方斜按，氣貫指梢，並落氣至右腳湧泉，意領左腳回收。形成沉氣在丹田、按氣在雙掌、落氣在右腳的斜按勁，意到氣到，氣運形隨，內外合一，周身一家。

5.單　　鞭

⑴外形螺旋路線：

　　動作一：周身放鬆，身體右轉，左腿順勢內轉，腳跟外碾；左手向右下方順纏劃弧合至右胯前，手心朝左後方；右手屈肘鬆腕，弧形上提至右肩前，手心朝下（圖二6①）；隨心意一開，身體圓活地左轉，右腿內旋擰轉，左腿自然外旋，腳跟內收；兩手右上左下沿環形弧線旋繞相開：左手輕右前臂外側向左上方逆纏掤開至胸前中線處，高與肩平，手心朝前下方，指尖朝右；右手經左前臂內側向右下方逆纏攦

按至右脇前，手心朝下，指尖朝左前方，形成左轉雙逆斜開勢（圖二6②）；心氣一鬆，身體回旋右轉，右腿隱隱外旋，左腿順勢內旋，腳跟外碾；兩臂以肘為軸，領兩手自內而外地依環形繞轉翻掌，右手心朝前上方，指尖朝右後上方；左手心朝右上方，指尖朝左後上方，兩肘合於兩肋，似貼非貼（圖二6③）；身體繼續右轉，兩手漸漸順纏交叉合於胸前，右手屈腕收於左肘兩側，指尖朝左，左手伸向右前方，兩手心皆朝上（圖二6④）；身體左轉，左腿自然外旋，右腿暗暗內旋；右手五指漸漸撮攏變勾手，經左手手心上方，從容地向右前上方逆纏伸展至高與肩平，鬆肩沈肘，勾尖朝下；左手同時向左下方徐徐對拉至腹部左側，手心朝上，指尖朝右，形成左屈右伸之勢，目視右前下方（圖二6⑤）。

動作二：左腿屈膝徐徐上提搠頂，高與腰平，稍向右合，小腿鬆垂，成右獨立勢（圖二6⑥）。

重心下降，右腿漸漸屈膝下蹲，左腿順遂輕靈地向左橫開一大步，腳跟內側先著地，腳尖稍上翹，與右勾手形成上下斜開勢；目視左前下方（圖二6⑦）。

隨心氣下沈，身體沈穩地左轉，重心沈換到左腿，左腿弓屈，左腳踩實，右腿鬆胯徐徐伸展，左手鬆腕虛虛地朝身體左側展開，手背朝外，胸腹也隨之開展（圖二6⑧）。

動作三：在心意纏繞的引領下，左手隨身體右轉左旋，沿右上左下環形路線，在胸腹前圍繞著肚臍繞轉一圈，繞轉過程中手心始終圍繞著肚臍，然後身體再右轉，左手轉到右腹前，手心朝上，指尖朝右；重心隨轉體由右轉到左再轉回到右腿（圖二6⑨）。

左手順纏穿掌至右勾手旁，再逆纏旋繞翻掌，掌心斜朝右前方，指尖朝右後方，左臂屈肘環繞於胸前（圖二6⑩）。

　　隨即，身體略左轉，重心漸左移，以身領左手向左平旋微開，手心朝前，指尖朝右（圖二6⑪）。

　　隨心意左顧一開，身體左轉，重心順勢轉至左腿，左腿外旋徐徐弓屈，右腿鬆胯漸漸伸展，以身領左手從容地平向左劃弧展開，手心朝左，指尖朝前；爾後，心氣下沈，左手順纏放鬆，沈肩墜肘，指尖轉而朝上，同時鬆沈相合，意沈

圖二6①　　　　　圖二6②　　　　　圖二6③

圖二6④　　　　　圖二6⑤

圖二6⑥

圖二6⑦

圖二6⑧

圖二6⑨

圖二6⑩

圖二6⑪

圖二6⑫

丹田；目視左手方向。此為單鞭定式（圖二6⑫）。

要點：

①兩手沿環形路線開合旋繞形成側斜纏絲圈，斜開時，右胸兼有掤擴之意，胸腹同時圓轉開合折疊；右勾手伸展時形如抽絲，一揮而就，並與左手對拉相開；整個動作腰、腹、臀、胯做了四次旋轉，意、氣、神、形渾然一體。

②提腿時，頂勁虛領，脊柱豎直，塌腰斂臀，右勾手領住勁；左轉下沈鬆開時，左手背與右勾手斜向對開，左腿與右腿亦對稱相開，左右相照，上下相應。

③左手圍繞肚臍旋轉是在丹田內轉的帶動下完成的，要內外合一，周身一家，如同一個碩大無朋的圓球在旋轉；左手穿掌繞轉時，兩臂的肩、肘、手鬆沈蓄合，並與腰、背、臀、胯一起裹住勁，蓄勢待發，即「欲開先合」，左手微開時，意在左肩肘，兩臂如有牛筋相縛而有欲開難開之意；左手開展時，左肩、肘、手依次相開，最後意貫指梢。兩臂、兩腿放鬆開展，肘膝垂直相對，五弓齊備；定勢時，上虛下實，左右平準，鬆淨自然。

(2)意氣運行路線：

動作一：隨心氣右轉鬆蓄，丹田右轉，周身勁氣順纏回轉緊於丹田，兩手順纏相合。然後隨心意逆纏相開，丹田左轉，內氣纏繞運行周身，一股從體前向左上斜行至左肩逆纏上行至指梢，領左臂上掤；一股向右下斜行至右肩逆纏下行至指梢，領右手下按。同時左順右逆沿兩腿纏繞至腳趾，形成斜纏絲圈。此處氣雖言幾股，其實是一氣向上下左右分行，中氣貫穿。心氣右轉再蓄合，丹田右轉，四梢之氣順纏回繞再蓄於丹田，領臂雙順雙合；而後，心意左顧旋引，丹田左轉，內氣沿帶脈左轉至前丹田的同時，經命門通脊背，上行至右臂，通達於勾手指尖，逆纏伸展勾掤。

動作二：意領氣從左腳逆纏上行至左膝，領膝上提掤頂，再領氣下行，左腿節節伸展向左下開步；隨心氣下沈，丹田左轉，身體左轉，左手向左鬆引，內氣如長江大河，滔滔不絕地直瀉到左手、左腳，同時亦向右勾手與右腿宣發，左右對開。

動作三：在心意纏繞的引領下，丹田右上左下繞轉，左手領氣配合旋繞，太和之氣在體內流轉回旋，逐漸由內向外散發，即內外合一地纏繞運行。如彈簧繞轉全身，似開弓蓄勢待發；爾後，隨心意左顧一開，內氣直貫左臂，意領氣行，氣運臂隨地向左開展，達於梢端，鞭似游龍，勁如放箭；隨即，意沈丹田，周身放鬆，四梢之氣復歸丹田。

6.白鶴亮翅

(1)外形螺旋路線：

動作一：接上式。心氣放鬆，周身下沈，重心下降，右勾手鬆開成掌，兩臂由身體兩側自然地放鬆垂落，兩手鬆合於左胯前，手心皆朝里，指尖皆下垂；目視體前下方（圖二

7①）。

　　稍頃，重心略上升，以腕領兩手徐徐地向左前上方掤領，高與胸平，兩手心朝下，鬆腕舒指（圖二7②）。

　　在眼神心意的引領下，身體先右轉再左旋，領兩手沿左上右下的豎圓軌跡圓活地旋繞一大圈；兩手心朝左後下方，指尖朝右前下方，兩臂沈肩墜肘，重心隨之由左換到右腿再回到左腿；頭隨身轉，目視左前下方（圖二7③④）。

　　動作二：隨心意左顧右盼，身體先微向左再向右轉，右腿外旋弓屈踏實，左腿內旋伸展，同時以身領兩手沿豎圓軌跡自左下圓活自如地向右上攊，兩手心朝右，指尖朝上；頭先隨身右轉，然後左轉，目視左前方（圖二7⑤）。

　　身體左轉，左腳腳尖翹起撇踏實，右腳輕靈地向前上一步落於左腳前，前腳掌虛著地，腳尖朝前；同時兩手沿豎圓軌跡的下弧線向左劃弧攊掤；左手經襠前向左逆纏掤展，高與肩平，手心朝左，指尖朝前上，臂彎如弓；右手經右胯外側向左順纏掤展至腹前，手心朝左，指尖朝前；頭隨身轉，目視前下方（圖二7⑥）。

　　動作三：隨心意一開，胸腹略相開，重心微上升，兩手緩緩地沿斜立圓的左下右上弧線旋繞半圈，逆纏相開；左手自上而下地從右前臂外側略向下繞，手心朝下，指尖朝右前方，右手自下而上地從左臂彎內側經胸前向上繞至左肩前，手心朝前下方，指尖朝左（圖二7⑦）。

　　心意一合，兩手繼續沿斜立圓的左上右下弧線旋繞半圈，順纏相合，左手自下經左而上地繞轉至右肩前，坐腕立掌，手心朝右前方，指尖朝上；右手自上經右而下地繞轉至左胯前，手心斜朝左，指尖朝左下方。左手在上，右手在下，交叉相合於胸腹前。同時，重心下降，左腿坐胯下蹲，右腳

順逆地向右前方邁出半步，腳跟先著地，腳尖朝右前方；目
視右前方（圖二7⑧及附圖）。

圖二7①　　　　圖二7②

圖二7③　　　　圖二7④

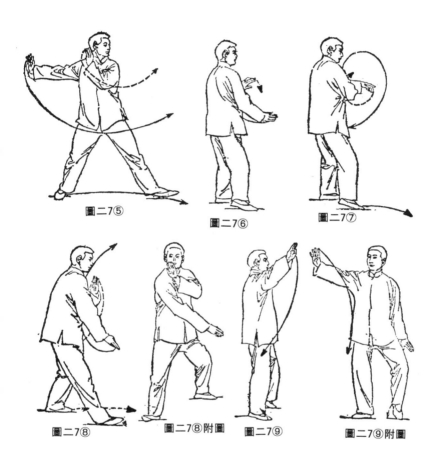

圖二7⑤　　圖二7⑥　　圖二7⑦

圖二7⑧　　圖二7⑧附圖　　圖二7⑨　　圖二7⑨附圖

　　動作四：身體先左轉下沈，胸腹相合，領右肩、右臂向左下方鬆沈蓄引；隨心氣右盼相開，身體右轉，重心上升前移，右腿屈膝坐胯、踏地踩實；以身領右肩、以肩領右肘、以肘領右手經左前臂外側向右上方徐徐逆纏斜開上掤至右前

上方；左手自右臂內側經右胸前、左腹前緩緩逆纏按至左胯外側；同時，右手領左腳自然地向前跟進半步，落於右腳左側，間距同肩寬，前腳掌虛著地，腳尖朝左前方。

當身、手、步一齊到位時，隨心氣下沈，兩手順纏放鬆，沈肩墜肘，右手心斜朝右前方，指尖轉而上豎；左手心朝下，指尖轉朝左下方。頭隨身轉，眼神與手齊運，目視右手方向。頭正項豎，脊柱豎直，鬆胯下坐，中正平準，上虛下沈，氣定神閑。此為白鶴亮翅定式（圖二7⑨及附圖）。

要點：

①兩手沿豎圓旋繞一大圈時，須鬆沈、圓活、飽滿，上下相隨，周身一家地去完成。

②向右旋繞時，身體應中正平準，神形連線，上中下同時旋轉。身圈在腰，手圈在肘，腿圈在膝，三圈同轉合為一圈。

左轉攞掤時，左手為主、右手為輔而形成左肩靠、左肘靠、臂掤靠：左腳外撇時應虛中有實，以腳尖領住周身的引轉勁，上下相隨。

③斜立圓旋繞時，胸腹同時開合折疊運化，後上前下周天運轉；上合下開時，左手護胸護臉，右手護腹護襠，上下護住中線，左右兩肘護兩肋，這是對己言，左手暗藏摧心掌，配合右腳上步插逼前肩靠，肩靠、肘擊、撩陰掌，前弓後蹬並身到，這是對彼言。

④左轉鬆蓄為引進落空，左轉斜開為放為發，轉關全在腰胯，兩臂斜開恰似一張斜弓，左伸右展形如白鶴亮翅；定勢時，兩腿鬆胯下沈，開胯圓襠，周身相合，骨節相連，不偏不倚，中正平準。

(2)**意氣運行路線：**

動作一：隨心氣左轉下沈，兩手領氣循臂內經胸前回轉鬆蓄至丹田，兩臂自然下鬆，並鬆氣至左腳；而後隨心意纏繞，丹田右旋左轉，內氣在體內周流回旋，領身右轉左旋，並經體後纏繞上行至兩臂，領臂上行貫注腕背而形成掤勁，左順右逆纏繞順行至指梢領臂右引而形成攦勁，再左逆右順纏繞至手心下沈而形成按勁，然後領手左轉前伸而形成擠勁，描繪了一個完整的混元圈。

動作二：隨心意左顧，丹田左轉，兩手領氣先向左虛虛旋繞，經胸腹蓄聚於丹田，中氣同時貫注脊背；在心意右盼轉折的引領下，丹田右轉，氣沿帶脈向右轉圈的同時，領身右轉，兩手領氣平旋右攦，氣貫指梢，並下行至兩腿，領腿左逆右順旋繞，落氣至右腳，上、中、下同時右旋，氣雖有三圈，其實是一氣運行，混元一體。

隨心意左顧，丹田左轉，氣沿帶脈向左轉圈時領身左轉，兩手領氣左轉攦掤而貫注指梢，同時落氣至左腳，領右腳向前上步。

動作三：心氣下沉，兩臂相合，周身勁氣皆鬆蓄於丹田，貫注於命門；心意相開，領氣沿斜立圓路線，從體後上行至兩臂，逆纏相開至指梢；心意一合，領氣由兩手回流，經體前下行歸至丹田，兩手雙順雙合，鬆氣至左腳，並領右腳開步，形成一個後上前下周天運行的立圓圈。

動作四：然後，心氣左沉蓄引，丹田左轉，領氣蓄聚於命門，氣貼脊背，貫注右肩；隨即，心氣右盼相開，丹田右轉，氣沿帶脈向右轉圈的同時，領身右轉，中氣浩然流行，經命門，通脊背，經兩肩右上左下地逆纏運行至指梢，上下斜開雙分，並領左腳向前跟步；最後，心氣下沉，周身放鬆，兩手領氣順纏回流，並與周身勁氣一起歸於丹田，鬆氣至

右腳。

7.斜行拗步

(1)外形螺旋路線：

動作一：接上式。心氣一鬆，身體右轉後倚下沉，左腳跟順勢外碾落地，以右腳跟為軸領腿外旋，腳尖外撇略抬，重心自然移換到左腿；右手同時自上而下地弧形鬆落至右胯旁，左手亦放鬆下垂，頭隨身轉，身體中線朝右前45度方向；目視右前方（圖二8①）。

隨即，右腳落實，右手鬆腕自下經右而上地向右前上方弧形引領至臉前中線處，即沉肩墜肘、坐腕立掌，手心朝左前方，指尖朝上，與鼻尖相對，身體微左轉（圖二8②）。

上動不停，右手經體前中線向下、向右逆纏劃弧擺按至右胯外側，手心斜朝右後下方，指尖斜朝右前下方；左手先向左後下方逆纏開展，再向右上方順纏劃弧屈肘上掤、坐腕立掌合於胸前，指尖正對鼻尖，相距尺許，手心朝右，指尖朝上，形成兩手右下、左上的交替運行；同時，重心移至右腳，右腿屈膝坐胯、踏地踩實，身體隨之右轉，左腿隨左手上掤屈膝上提掤頂並稍向右合，腳底平展，成右獨立勢；目視左手方向（圖二8③）。

心氣下沉，身體稍向右轉，右腿鬆胯下蹲，左腿放鬆伸向左前下方（東北角），腳跟內側先著地，腳尖上翹斜朝前上方；同時，右手順勢向右上方弧形領起，高與肩平，手心朝右下方，指尖朝前，與左腳形成斜開勢，目視右前方（圖二8④）。

動作二：隨心意前領，身體左轉前湧，右手（為主）鬆腕沿豎圓軌跡的上弧線圓活地向左上方順纏斜運至體前與鼻準對齊，即沉肩墜肘、坐腕立掌，手心朝左前方，指尖斜朝

上；左手（為輔）同時沿右下弧線經左腹前向左下方順逐地逆纏斜繞攦按至左胯外側，手心斜朝左後下方，指尖朝前，重心隨之前移，左腿弓屈踩實，右腿順勢伸展；目視右手方向（圖二8⑤）。

　　上勢不停，身體回旋右轉，重心漸向右腿過渡，左腿變

圖二8①　　　　　　圖二8②　　　　　　　　圖二8③

圖二8④　　　　　　　　　圖二8⑤

圖二8⑥

圖二8⑦

圖二8⑧

圖二8⑨

圖二8⑩

圖二8⑪

圖二8⑫

圖二8⑬

虛，右手復向右下方逆纏下攬至腹前，手心朝下，指尖朝左前方，左手同時向上順纏回繞，手心朝右上方，指尖斜朝左前方；目視體前下方（圖二8⑥）。

動作三：身體緩緩右轉，重心漸漸沉坐於右腿，左腿微微伸展，以身領左手繼續向右順纏劃弧攬引至胸前中線，手心朝右，指尖朝上；右手繼續向右下攬按，再向右上方弧形上領到肩平，鬆肩墜肘，手腕放鬆，手心朝右下方，兩手平齊；頭隨身轉，目視右前方（圖二8⑦⑧）。

身體略右轉，左手向右、向下逆纏劃弧攬按到腹前，手心斜朝右下，指尖斜朝右上；右手鬆腕順纏屈肘，手心斜朝左前上方，指尖斜朝右後上方，目視左前下方（圖二8⑨）。

上勢不停，身體左轉，重心漸換到左腿，左腿漸漸弓屈踏實，右腿鬆胯隱隱伸展後蹬；左手沿左下弧線經左胯前向左上方弧形掤領，五指撮攏漸變勾手，勾尖朝下，腕背高與肩平，下與左腳垂齊；同時，右手坐腕立掌沉著地向前推擠，至體前中線處與鼻尖對正，手心朝左，指尖朝上；目視右手前方（圖二8⑩）。

動作四：稍傾，身體左轉折疊，右手鬆腕，在左臂彎內側向左環繞一小圈，翻掌合於左肩前，手心斜朝左下方，指尖朝左上方，右臂撐圓環繞於胸腹前；目視體前下方（圖二8⑪）。

隨心意右盼相開，身體渾圓緩慢地右轉倚靠，胸腹漸漸相開，重心徐徐地轉換到右腿，右腿弓屈外旋，踏地踩實；左腿虛腳暗暗蹬展；同時，以身領右肩、以肩領右肘，以肘領右手沿平圓軌跡自左向右徐徐劃弧逆纏，伸展掤開至右腿上方，手心朝右前方，指尖斜朝左前方，頭隨身轉，目視右

前方（圖二8⑫）。

隨心氣相合，身體左轉下沉，重心沉換至左腿，左腿屈膝外旋，暗暗擰轉下鑽，右腿鬆胯隱隱蹬展；兩臂順纏相合，沉肩墜肘坐腕，右手順勢推擠，手心朝右，指尖轉而上豎；目視體前下方，此為斜行拗步定式（圖二8⑬）。

要點：

①身體右轉後倚、兩腳虛實變換是為調整重心，右手沉落暗含採勁；右手下攦、左手上掤、重心右移，左膝提頂須沉著穩健地同時完成，身到手到腳到，兩手左屈右伸有捋手之變，左手護中，兩腿左伸右屈，左腳斜行，應左右平準，中正不偏。

②兩手交替斜運皆不過中線，左右輪換而又護著中線，左手運左半身，右手運右半身而不失中定；以腰帶手，以手領腰，腰腹臀胯折疊旋繞，胸腹同時開合折疊。

③右手推擠時，應與左腿前弓，右腿蹬展，身體前湧同時完成，形成始於足、主宰於腰、貫於脊背、形於手的完整一氣、周身一家的前擠勁；此勢雖斜行、斜運卻斜中寓正。

④右手向左旋繞小圈時，兩臂的肩、肘、手蓄合相抱，同時擰腰轉胯，胸腹相合，腰背裹圓；開展時，右肩、肘、手依次相開，並與左肩、肘、手節節對開，兩腿的胯、膝、腳同時對開並圓襠，上下骨節照應相隨，一開全開，五弓齊備；定勢時，周身內外一齊沉靜穩重地合住勁。

⑵**意氣運行路線：**

動作一：心氣一鬆，丹田右轉，右手領氣自然下行並與周身勁氣一齊回蓄丹田，右手鬆垂體側，落氣在左腳；而後，心意上引，丹田左轉，氣沿帶脈左轉圈時，經命門循脊背盤旋上行至右臂，領右手掤領，氣貫指梢；心氣再鬆沉，丹

田再右轉，右手領氣沿中氣線向右下擺按，左手領氣上行至中氣線前，意氣同時沉降於右腳，領左膝上提而形成膝掤勁；意領左腳旁開斜行時，領氣經左腿順流而下至左腳湧泉，右手領氣同時暢達指梢，成腿手斜開勢。

　　動作二：心意左顧斜行，丹田左轉，內氣沿帶脈左轉圈的同時，在體內回游繞轉，循脊背上行達於兩肩，同時兩手領氣交替斜運，隨心氣回旋，丹田右轉，兩手領氣循臂內回流合於丹田。雖是斜行，中氣仍應一線貫穿。

　　動作三：隨心氣左轉，丹田左轉，領身左轉，領氣由命門出發，上行脊背至兩肩，同時領右腳之氣向上至後丹田與督脈相合，一起貫注到右肩，循右臂貫注到右手掌沿，而成擠勁，左手漸成勾手合住氣而掤領，落氣至左腳湧泉。

　　動作四：右手領氣先折疊纏繞一小圈，丹田同時左轉，中氣貫通脊背；而後，心意一開，丹田右轉，氣沿帶脈右轉圈的同時，催身右轉，內氣充盈飽滿、神氣十足地向四梢宣發，兩手相開，兩腿相開；最後，心氣下沉；丹田左轉，周身之氣回轉鬆沉於丹竅之中，鬆氣至左腳。

8. 提　收

(1)外形螺旋路線

　　動作一：心氣放鬆，身體下沉，重心下降，上體略前俯，胸腹微相合；同時，左勾手鬆開變掌，兩臂徐徐地從兩旁弧行下落至體前，兩手鬆腕交叉合於襠前，左手在外，右手在內，兩手背皆朝外，指尖斜朝下；目視前下方（圖二9①）。

　　重心進一步下沉，右腳輕靈自然地向兩腳中線方向橫移，重心移至右腳；隨後心氣一開，重心後移，右腳踏實，兩手經體前向上、向兩側渾圓地雙逆纏分開，兩臂掤圓，兩手

高與耳平，手心皆朝外，指尖皆朝上；胸腹同時相開，左腳順勢後撤半步至右腳左前方，前腳掌虛著地，腳尖朝前；目視前方（圖二9②）。

動作二：隨心氣下沉，周身向下放鬆，兩手從兩側弧形下落，雙順纏合於兩胯前，左手在前，手心斜朝右，指尖朝前下方；右手在後，手心斜朝左，指尖朝右下方。身體微右轉；目視前方（圖二9③）。

上勢不停，兩手隨腰右轉，邊順纏屈肘、邊經腹前沿立圓軌跡的前上弧線緩緩地上提至胸前，左手在前，手心斜朝右上方；右手引至胸前中線處，手心斜朝左上方，兩手指尖皆朝前（圖二9④）。

上提不停，邊提邊收，兩手繼續沿立圓軌跡的上弧線向右胸前弧形收攬，並逆纏翻掌，左手在前，收至頸前中線處，手心朝右前方，指尖朝右上方；右手收至右胸前，手心轉朝左前下方，指尖朝左上方；目視左前方（圖二9⑤）。

隨即，心氣一放，兩手向前下方伸展擠按，左手置於左膝上方，右手置於腹前，兩手心斜朝前下方，指尖皆朝前上方；同時，左腿屈膝上提掤頂，高與腰平，小腿懸垂放鬆，目視左前方（圖二9⑥）。

要點：

①身體下沉前俯時，右腳在後為虛而有騰挪之意。一合一開，全在胸腹開合折疊運化，合時，前合後開，即胸腹合脊背開，開時，胸腹開脊背合。無論開合，心胸都要開闊舒展、氣勢磅礡；步法的前虛後實如泰山巍立、中正平準。由此形成前上後下的立圓圈。

②兩手上提為提手上勢的接引勁，接住對方來勢，引彼入圈，貴在精神貫注，神形相合而不露痕跡；收攬時，周身

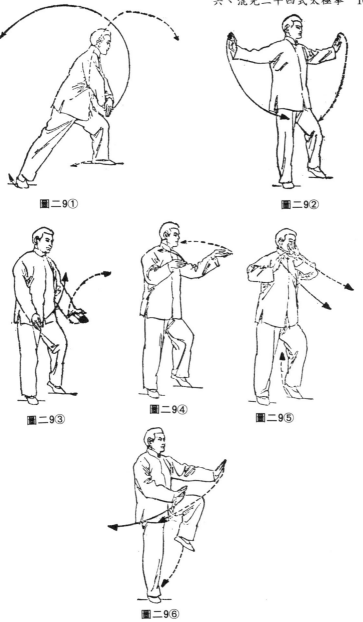

圖二9①　　　　　圖二9②

圖二9③　　圖二9④　　圖二9⑤

圖二9⑥

沉穩地蓄住勁，而達到引進落空的目的，雖未發而意在先；兩手按擠、提膝上頂須同時完成，左膝掤頂，暗藏套封裡合腿，上下相合，腿手並用，腰微暗轉（向左），勁由脊發，梢領中隨根節催，陡然一轉人不知。頂勁要領好，右腿要沉好，兩手要合好，才能中正不偏。

(2)意氣運行路線：

動作一：隨心氣一鬆，周身下沉，兩手相合領氣下行蓄於丹田，意、氣、神、形沉靜合一，同時鬆氣到左腳；隨心意一開，陰陽二氣豁然開通、浩然運行，循體前任脈向左右兩臂逆纏上行，暢達梢端，領身後坐撤步，陰陽二氣並行不悖，互為其根，循環無端，佐中氣而貫通周身。

動作二：心氣再合，陰陽二氣由梢端回流，經體後督脈下行至命門，歸於丹田，混融相抱，兩手隨之相合，在心意引領下，內氣再由體前任脈上行，經體後督脈下降，環行一圈後復歸丹田，兩手隨之捧氣提收；然後，心氣一放，內勁猝發，內氣由後丹田直貫前丹田，並經兩臂直瀉到兩手心勞宮，領手擠按，領左膝掤頂，意到氣到勁自然到。

9.前蹚拗步

(1)外形螺旋路線：

動作一：心氣放鬆，身體略下沉，隨腰微右轉，兩手緩緩向體右後下方劃弧攔帶，左手落至腹前，右手落至體右後方，兩手心朝裡，指尖下垂；同時，左腳鬆落至右腳左前方，前腳掌虛著地；目視體前左方（圖二10①）。

上動不停，兩手同時沿立圓軌跡的後弧線向上旋繞，左手順纏屈肘繞至右胸前，手心朝後，指尖朝右；右手順纏屈肘翻掌繞至右肩外側，手心朝前，指尖朝右前方；左腳隨之向左前方落步，腳跟先著地，腳尖稍外撇；目視左前方（圖

二10②）。

　　隨即，身體左轉，重心前移，左腿屈膝坐胯逐漸踩實，右腿漸漸伸展後蹬，兩手繼續沿立圓軌跡的上弧線向前推擠，左手在前，兩手心勞宮穴相對，左手指尖朝右，右手指尖朝上；目視兩手方向（圖二10③）。

　　動作二：隨心氣回旋放鬆，身體右轉，重心漸漸後移，右腿弓屈坐胯，左腿鬆胯內旋，腳尖稍抬起；兩臂同時放鬆向右下方弧形下落至體側，兩手心朝內，指尖皆下垂；目視右下方（圖二10④）。

　　身體繼續右轉，重心繼續向右腳沉落，左腿繼續內旋，腳尖自然內扣。左手繼續向右下方鬆落至右胯外側，手心朝內，指尖下垂；右手圓活地弧形旋繞至左胸前，手心朝左上方，指尖朝右上方，兩手右上、左下地合於胸腹前。目視體右下方（圖二10⑤）。

　　隨即，心氣左顧斜開，身體左轉，左腿以腳跟為軸順勢外旋，腳尖外撇，重心仍在右腿。同時，左手由右下方經胸前向左上方逆纏斜掤，高與肩平，手心朝左前方，指尖斜朝上；右手經左臂彎裡側向右下方逆纏下按至右胯外側，手心朝右後下方，指尖斜朝下。頭隨身轉，目視左手方向（圖二10⑥）。

　　動作三：重心前移，左腳踩實。左手順纏旋繞至腹前，手心朝右上方，指尖朝右下方，右手向左上方順纏繞轉至胸前，手心朝左下方，指尖朝右前方。兩前臂交叉合於胸腹前，左手在下。同時，右手領右腿向左前上方屈膝掤頂並稍向裡合，腳底平展，成左獨立步。目視右前下方（圖二10⑦及附圖）。

　　重心下降，左腿坐胯下蹲，右腳貼地向右前方蹚出一大

步，腳跟內側先著地，腳尖朝前，成上合下開勢（圖二10⑧
）。

　　心氣右轉下沉，身體沉穩右轉，重心徐徐向右腿沉換，
右腿漸漸弓屈，右腳踩實，左腿鬆胯緩緩伸展；同時，以身
領右肩、右肘向右下方鬆沉倚靠，兩手隨之放鬆地沉移至右
胯前，左手心朝下，右手心朝上，兩前臂仍交叉相合；目視
體前方（圖二10⑨）。

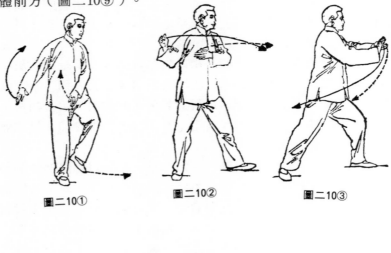

圖二10①　　　　圖二10②　　　　圖二10③

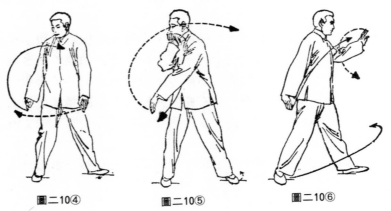

圖二10④　　　　圖二10⑤　　　　圖二10⑥

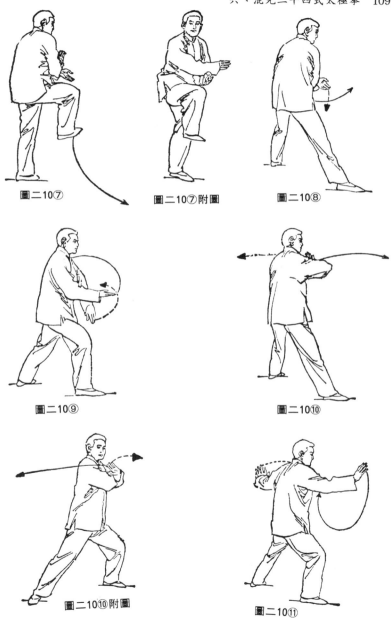

圖二10⑦

圖二10⑦附圖

圖二10⑧

圖二10⑨

圖二10⑩

圖二10⑩附圖

圖二10⑪

　　隨心意所趨，身體緩緩左轉後倚，重心沉穩地向左腿過渡，左腿弓屈外旋踏實，右腿鬆胯漸漸蹬展，同時以身領兩手由右下向左上順纏繞轉，合於胸腹前，兩手仍交叉，左手在外（圖二10⑩及附圖）。

　　心意右盼相開，身體右轉，胸腹漸漸相開，重心緩緩移到右腿，右腿屈膝外旋，鬆胯下坐，右腳踩實，左腿鬆胯徐徐蹬展，以身領兩臂雙逆纏向兩側伸展掤開。當兩手開至與兩足同寬時，即順纏放鬆，周身鬆沉相合，氣沉丹田，兩手心朝外，指尖轉朝上。頭隨身轉，目視右手前方。此即為前蹚拗步的定式（圖二10⑪）。

　　要點：

　　①兩手前擠時，兩臂沉肩墜肘如抱球，兩手心相合而有擠壓之意。前擠時膝尖前弓不過腳尖，開胯圓襠，內外六合。左手背領勁，右手心吐勁，腰背貫住勁，周身合住勁，拳打三節力，消息全憑後腿蹬。

　　②圖二10④為右轉鬆引勁，以閃身法引轉來勢，亦退亦轉、亦引亦纏而引進落空。左轉斜開時，形成一個大旋身的斜纏絲圈，頂勁要領好，雖斜開而斜中寓正。左腳雖為虛，但腳領住勁即虛中有實，轉身之際而成背靠、肩靠、肘靠、臀靠之勁勢。

　　③右腿屈膝上提時，塌腰斂臀合襠，周身摔裹相合。左腳踏實、身體右轉、兩手相合、右膝提頂須一氣呵成，身到腳到手到膝到，上下相合一起到，落步進逼欺身進，上驚下取膝掤頂，欺身占先勢即得機得勢。上驚在兩手，左手為採手、合手、擒拿手，右手為撲面摧心掌；下取在膝頂胸腹中堂行，審時度勢裡合腿。圖二10⑧⑨⑩形成左右纏繞的倚靠勁，心意如游龍回旋，身形似彈簧纏繞而連綿不斷。右轉倚

靠時，意在右肩右肘：左轉後倚時，意在左肩背和左臀胯。
兩手相開時，肩、肘、手依次伸展、對稱相開，並伴隨兩腿
同時相開，一開全開，氣勢磅礴。肩胯、肘膝、手腳又上下
相隨，節節呼應，右肩背貫注勁而有倚靠之意。定勢時，鬆
氣下沉，週身相合。

(2)**意氣運行路線：**

動作一：隨心氣下沉，指梢之氣循兩臂經胸腹沉蓄於丹
田，意領兩手下沉，鬆氣至右腳，形鬆意連，神氣內斂。而
後，意領丹田立圓旋繞，內氣由命門出發，循脊背上行貫注
夾脊穴，傳輸至兩臂，蓄氣在兩手。隨內氣前湧，氣貫掌心
，催手前推而形成擠勁。同時，領右腳之氣上行到命門，與
丹田氣相合，上行於兩臂兩掌，形成始於足、通於背、主宰
於腰、形於手的梢領、中隨、根節摧的三節勁。

動作二：心氣一鬆，周身勁氣復又匯聚於丹田，兩臂隨
之放鬆下落。隨心意纏繞，兩手領氣旋繞相合，丹田右轉，
領身右轉，內氣貫注於脊背。在心意左顧斜開的引領下，丹
田左轉，氣沿帶脈左轉圈而領身左旋，內氣流轉至兩臂兩手
、兩腿兩腳。兩手隨之上下斜開，左腿外旋撐轉，形成一個
左斜纏絲的混元圈，氣雖上下斜行、左右斜運，但中氣一線
貫穿而不失中定。

動作三：意領氣由指梢回流經臂內回環旋繞合於丹田，
兩臂相合，落氣至左腳湧泉，同時領氣由右腳逆纏至膝，向
左上提頂形成膝掤勁，上下之氣皆匯合於丹田，意、氣、神
、形合一。隨後意領右腳向右前方蹚步，領氣順流而下至右
腳湧泉。隨心意右纏左繞，丹田右旋左轉，領身右倚左靠，
氣在體內如游龍盤旋回繞，注於右肩肘而形成肩肘靠，再注
於左肩背而形成肩背靠。隨心意一開，丹田右轉，氣沿帶脈

流轉，領身右轉，浩然之氣流佈遇身。漸漸暢行四肢，節節流注，貫注四梢，兩臂兩腿左右相開，心氣下沉，再由梢端返回沉於丹田。

10.掩手肱捶

⑴外形螺旋路線：

動作一：身體左轉，胸腹微相合，重心漸漸沉換到左腿，右腿鬆胯略伸展，左腳實，右腳虛。以身領右手沿下弧線自右經下向左上方逆纏，經左臂彎內側屈肘上提到左肩前，手心朝右，鬆腕垂指，右肘斜朝前上方；同時，左手自上經前向左下方鬆落至左胯前，手心朝後下方，指尖朝前下方；目視前方（圖二11①及附圖）。

隨心意右盼旋轉，腰向右轉，以身帶兩手同時沿豎圓軌跡的上弧線向右繞轉：右手順纏向右後方劃弧翻掌按至右胯外側，手心朝下，指尖斜朝右前下；左手向右上方順纏上掤至胸前，手心朝右上方，指尖斜朝前；目視右前下方（圖二11②）。

動作二：身體再右轉，重心向右腳沉落。左手逆纏，繼續向右下方按落至右腹前，手心朝右下方，指尖朝右上方；右手順纏旋腕翻掌，手心朝右前方，指尖朝右下方（圖二11③）。

隨心氣左顧，腰向左轉，重心移向左腿。以身領右手抓握拳向上逆纏至右胸前，拳心朝下，右腿順勢屈膝提頂，小腿鬆懸，腳底平展。左手隨之外旋經左胯前向右上方順纏劃弧至胸前，掌沿切搭於右腕背上，並與右拳一起下落合到腹前，手心朝右後方，指尖朝右前方；右拳心朝裡，拳面朝下；目視右前下方（圖二11④⑤）。

心氣下沉，重心下降。右腳放鬆落於左腳內側，重心隨

即換到右腿，屈膝下蹲，鬆胯下坐；左腳自然地向左前方
（東北角）邁一大步，腳跟先著地，隨即左腿屈膝，左腳落
實。兩臂鬆沉地合住勁，形成上合下開之勢（圖二11⑥⑦）
。

　　隨身體左轉，胸腹相開，右拳經左前臂內側向右上方弧
形順纏翻打，拳背領勁，高與耳平，拳背朝右下方；同時左
手以肘領勁，經右前臂外側向左脅方向移掛，手心微貼腹；
目視右拳方向（圖二11⑧）。

　　動作三：心氣一鬆，身體微右轉，胸腹微相合，重心略
右移。右腿外旋，左腿內旋，兩腿鬆胯稍下沉。右拳隨之沿
平圓軌跡的前弧線向左逆纏屈肘鬆回到胸前，拳心朝下，拳
眼朝後，肘尖朝右前方；同時左手逆纏屈臂鬆抬至胸前，手
心朝下，指尖朝右；目視前方（圖二11⑨）。

　　隨心意磨盤左旋，腰微向左轉，重心略左移。右拳以肘
為軸，自胸前經右向前順纏盤繞至右肩前方，拳心朝左上方
，拳眼斜朝右後上方，左手亦以肘為軸，向前、向左順纏盤
旋至左胸前，手心朝前上方，指尖斜朝左上方；目視右拳方
向（圖二11⑩）。

　　隨心意磨盤右旋，腰右旋下沉，重心偏沉於右腿。右腿
外旋微弓屈，左腿內旋略蹬展，兩腿鬆胯下沉。右拳經左向
右下方繞掛至右腰側，拳心朝內，拳眼朝上；左手向右繞經
右前臂上方向前盤旋伸擠，掌心朝前下方，指尖朝右上方；
目視前下方（圖二11⑪）

　　動作四：心氣一鬆，兩臂放鬆緩緩地向體前上方順纏伸
引，左掌右拳鬆合，左掌在外，兩手心皆朝內。隨伸引之勢
，腰微左轉，上體略伸攏，重心漸上升，兩腿隱隱伸蹬；目
視兩手（圖二⑫11）。

　　隨即，心氣下沉，腰圓活右轉，胸腹相開，重心下降，右腿外旋平穩踏實，左腿內旋伸展虛蹬。左手右拳同時沿下弧線鬆活柔順地左前、右後逆纏分開，再順纏翻轉，左手前伸屈指漸成八字掌，手心朝右上，食指朝前；右拳屈肘收回右肩外，拳心斜朝左前上方，拳眼斜朝右後上方，目視左手方向（圖二11⑬）。

圖二11①　　　　　　圖二11①附圖　　　　　圖二11②

圖二11③　　　　　　圖二11④　　　　　　圖二11⑤

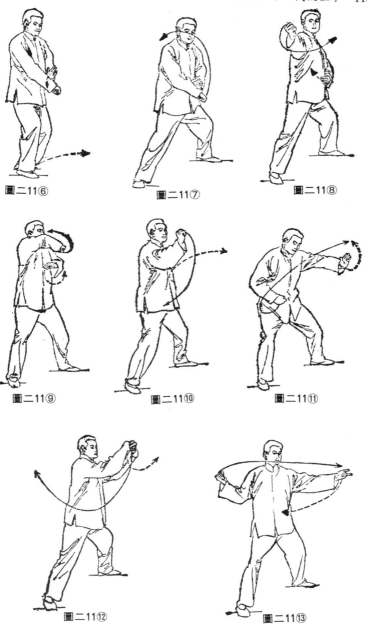

圖二11⑥

圖二11⑦

圖二11⑧

圖二11⑨

圖二11⑩

圖二11⑪

圖二11⑫

圖二11⑬

圖二11⑭

腰向左轉，重心左移，左腿外旋弓屈踏實，右腿內旋蹬展。隨轉體，右拳領勁沉穩地向前逆纏平衝，高與胸平，拳心朝下，拳面朝前，左手以肘領勁，向左後方逆纏至腰際，手心朝內微貼左腹部，食指斜朝前下方，左肘後掛；肘尖不過背，目視右拳方向。此為掩手肱捶定式（圖二11⑭）。

要點：

①圖二11①中，兩手一上一下緩緩對拉而形成對開鬆蓄勢，意注於右肩、右肘。圖二11②為左上右下的豎圓繞轉圈，兩手劃弧，以右手為主，左手為輔，魚貫而行，所行軌跡要圓而順。右臂以肘領勁，先肩靠、後肘靠、再掛肘。

②圖二11④左轉折疊回繞時，腰左轉、右拳左擺、左手攦按須一氣完成，以腰帶手，以手領身，胸腹同時相開。圖二11⑤為扣拳切掌旋身獨立勢，扣（右拳扣）、轉（左腳尖裡轉）、擰（擰腰旋身）、提（右膝提頂）、切（左掌下切）須同時完成，轉進如風。左腿沉好，頂勁領好，週身擰裏合好，才能沉著平穩，獨立如磐石。圖二11⑥右腳震落時，不

可努氣用拙力，全在鬆氣震落，胯、膝、腳節節鬆開，意到、氣到、腳到、勁自然到。圖二11⑧中，右反背拳與右腿朝向一致，右拳領勁，鬆肩、鬆肘、鬆臂。拳到肘到、身到腿到，一到全到，一開全開，全在胸腹開合折疊運化中完成；開中又有合，即右臂與右腿合、左肘與左膝合，伸屈往來，左右平準，則斜開之中有中定。

③磨盤旋繞全憑心意驅動，意、氣、神、形要自始至終地融為一體、協調統一、連綿不斷。腰部左旋右轉形成磨盤腰圈，兩臂開合圓轉而形成磨盤臂圈，兩腿內外旋擰而形成磨盤腿圈，從而形成周身一家的磨盤纏絲圈。

④圖二11⑬中，左手食指的方向和右拳蓄勢的方向以及眼神心意所注之處要三點成一線，才能「有的放矢」。左手前掩為接勁，右拳屈曲為蓄勁，隨屈就伸，陰陽互變，螺旋衝拳時，左手右拳向前後對拉須勻速對稱，拳到肘到，意到氣到勁自然就到，全憑心意用功，神形連綿，積柔成剛。切不可努氣用力，也不可以力帶氣。掩手是左手前掩，纏繞引化來勢，誘對方入圈。肱捶是以拳領勁，由肱而發，梢領中隨根節催，而又全在腰轉，擰腰轉胯起於足，著身成捶由肱發。

⑵意氣運行路線：

動作一：心氣放鬆，丹田左轉，意領梢端之氣循臂內回流至丹田，右手隨之順纏下鬆。然後，意領氣由命門出發，循脊背緩緩上行至兩肩，分行至右肘和左臂，兩手形成上下提拉勢，鬆氣至左腳。隨即，心意右盼旋轉，丹田右轉，氣沿帶脈右轉圈時，領身右轉，右手領氣由肘下行至手，向右下方掛按，左手領氣上行到指梢，向右上方掤展，內氣同時經體前下降至丹田，落氣至右腳，形成一個左上右下的豎圓

圈。

動作二：隨心意左轉、丹田左轉、內氣沿帶脈左轉圈時，領身左轉，右手順纏，氣到指梢並抓閉握拳向左旋擺；左手引氣下擺。然後，右拳領住全身之氣右旋撑轉，氣沿帶脈轉圈領身向右撑旋，左腿內旋氣下行到腳心，右腿屈膝氣注右膝向上提頂，左手引氣與右拳相合而成切掌，陰陽二氣回環相合並下行於丹田。隨心氣下沉，內氣如山泉直下到右腿、右腳心，催腳鬆落下震，左腳隨之領氣旁開一步。隨心氣相開，丹田左轉，腰向左旋，胸腹相開，陰陽二氣即沿體前任脈左右分行至兩臂，暢行至右拳而成反背拳，貫注到左肘而左掛，並下行至左腿左腳，落氣至腳心。

動作三：隨心意磨盤纏繞，丹田左右旋轉，氣沿帶脈左右轉圈而形成磨盤腰圈，兩臂領氣順逆開合旋繞而形成磨盤臂圈，氣在兩腿內左右旋繞而形成磨盤腿圈，太和元氣左右盤旋，往復循環，如山泉曲轉，似蟒蛇繞樹，而形成一個整體的磨盤纏絲氣圈。

動作四：心意上領，中氣上行至上丹田，清氣上升，濁氣下降。心氣隨即下沉，真氣似高山流水直瀉而下，左右分行至兩臂兩手，兩手左前右後地雙逆雙分，引氣至指梢，並同時下行至兩腿兩腳，落氣至腳心湧泉，高下相召，全繫一心，再隨兩肱順纏卷收而斂氣入骨，蓄於左手右拳，聚於丹田。隨心意前發，氣經右肱內旋直貫至右拳面，右拳領氣螺旋前衝，左手領氣逆纏回旋至左肘而向左後掛，同時，隨左腿外旋、右腿內旋，內氣下行至兩腳心和趾梢，形成「起於足、主宰於腰、通於背、貫於臂、形於拳」的太極纏絲內勁。

11. 披身捶

(1)外形螺旋路線：

　　動作一：心氣下沉，重心下降，右拳鬆開隨腰微向左轉鬆落至左胯前再上提至左胸前，左手鬆貼左腹前。隨即身體微右轉，上體漸伸展，重心略上升，右手心朝左，舒指下垂，手沿斜豎圓軌跡的左上弧線緩緩地逆纏劃弧鬆領，手心斜朝右前下方，鬆腕垂指，左手鬆垂，目視右手前方（圖二12①）。

　　身體先微向右再向左轉，上體略向左前方傾俯，胸腹相合，重心下降，左腿弓屈坐胯踏實，右腿鬆胯虛腳。同時，右手沿斜豎圓軌跡向右、向下、向左順纏劃弧攔引於左胯前，手心朝左上方，指尖斜朝前下；左手沿斜豎圓軌跡的左弧線自左下方向右上方順纏劃弧屈肘合至右肩前，手心朝右前方，指尖朝上；目視右下方（圖二12②）。

　　隨心氣右盼斜開，腰向右轉，上體稍伸展，胸腹漸相開，重心緩緩右移，右腿外旋漸漸踩實，左腿內旋徐徐蹬展，同時以身領兩手沈著地向左下右上對稱斜開，右手（為主）沿斜豎圓的左上弧線經左前臂外向右上方逆纏劃弧上掤，高與肩平，手心斜朝右前上方，指尖朝左上方，臂彎如月；左手（相隨）沿斜豎圓的右下弧線經右臂內側向左下方逆纏劃弧攔至左胯外側，手心朝下，指尖朝左，形成斜開弓勢，頭隨身轉，目視右手方向（圖二12③）。

　　動作二：心氣一鬆，右手隨身左轉，弧形向下鬆落至右胯前，重心左移，左腳實，右腳虛。隨即，心氣右盼旋轉，右手沿左上右下的環形路線，自左前下方經上向右後下方逆纏旋繞一大圈，按落於右胯外側，手心朝下，指尖朝右。身體隨勢右轉（面朝面），重心先右移，一俟左腳內扣即換到左腿坐實，右腳順勢回收半步，前腳掌虛著地，腳尖朝前。左手隨之經左向前上方順纏劃弧至左肩前，手心朝右上方，

指尖朝左上方；頭隨身轉，目視體前下方（圖二12④）。

　　腰微左轉，右手順纏沿立圓軌跡的前弧線徐徐提引至右胸前，手心朝上，指尖朝前；左手自上而下地逆纏屈肘鬆落到右臂彎上方，手心朝下，指尖朝右，左臂環繞胸前，兩臂抱肩合肘；目視右手方向（圖二12⑤）。

　　右手繼續沿立圓軌跡的後弧線回環鬆落到腹前，左手同時順纏翻掌鬆落到腹前，右手背落於左手心上，指尖朝左；左手托住右手，指尖朝右，兩手心皆朝上。同時，右腳鬆虛地收回到左腳內側，前腳掌虛著地；目視體前下方（圖二12⑥）。

　　隨心氣相開，以腕領兩手沿左右下弧線向兩旁雙逆雙開，兩手高與肩平，鬆肩沈肘，鬆腕垂指，兩手背斜朝上（圖二12⑦）。

　　隨心氣相合，兩手由低到高沿左右弧線由兩側向身前正中雙順雙合，交叉於胸前成十字手，左手在外，右手在裡，左腕背與右掌根互貼，左手心朝右下方，指尖朝右上方，右手心朝左下方，指尖朝左上方，兩臂抱肩合肘。同時，上合下開，右腳向右橫開一大步，重心右移，右腿弓屈，左腿伸展，兩腿開胯圓襠；目視兩手方向（圖二12⑧）。

　　動作三：心氣下沈，腰微右轉，兩手抓閉虛握成拳蓄合到胸前，兩臂鬆沈相合；目視右下方（圖二12⑨）。

　　在眼神心意的引領下，兩拳沿平圓軌跡的前弧線自右向左盤旋至左胸前，同時領腰向左轉，重心隨之左移，左腿外旋弓屈，右腿內旋伸展；頭隨身轉，目視左前下方（圖二12⑩）。

　　腰向右轉，重心右移，右腿外旋前弓，左腿內旋蹬展。同時，以身領兩臂、兩拳向右回旋至胸前，鬆肩沈肘，周身蓄

合，頭隨身轉；目視右前方（圖二12⑪）。

隨心氣前湧，身體右轉，重心進一步沈落至右腳，左拳沈穩地向右前方（西南角）逆纏伸擠，拳心朝右下方，拳面朝前；右拳貼於胸前，以肘領臂向右後對拉，拳心朝內，拳眼朝上；目視左拳方向（圖二12⑫）。

腰向左轉，身體後倚，重心左移，左腿弓屈後坐，右腿伸展虛蹬。隨轉體，右拳沈穩地向右前方（西南角）伸擠，拳眼朝上，拳面朝前，左臂由伸彎曲、以肘領勁向左後方順纏對拉至左腹腰側，拳心朝內，拳眼朝上，肘尖不過背，形成左掛右衝勢；目視右拳方向（圖二12⑬）。

動作四：心氣一鬆，右拳隨腰右轉，先向右下方緩緩鬆落，重心右換，右腳實，左腳虛。再隨心意左顧引領，腰向左旋，重心左移，右腿內旋蹬展，左腿外旋前弓，以身領右拳自右下方向上再經體前向左順纏旋繞一大弧至左前方，拳心朝左後上方，拳眼斜朝右前上方。

隨心意右盼，腰向右回身披轉，上體轉正（朝南），左腿內旋，右腿稍外旋，重心略向右過渡。右臂由伸變曲，向右後下方回旋下坡掛肘，右拳微貼右腹，拳心斜朝裡，拳眼朝右上；左臂由曲變伸，左拳先向左下方逆纏繞轉，再向左前上方順纏回繞上折，高與肩平，拳心朝右上方，拳眼朝左上方；目視左拳方向。此為左披身捶（圖二12⑭）；

腰右轉，重心右移，右腿前弓踏實，左腿伸展虛蹬，同時以身領左拳向右前上方徐徐運行至右前方（西南角），拳心朝後上方，拳眼朝左上方，右拳仍微貼右腹腰側；頭隨身轉，目視左拳方向（圖二12⑮）；

隨心意左顧，腰向左回身披轉，上體轉正（朝南），右腿內旋，左腿稍外旋，重心略向左過渡。左臂由伸變曲，向

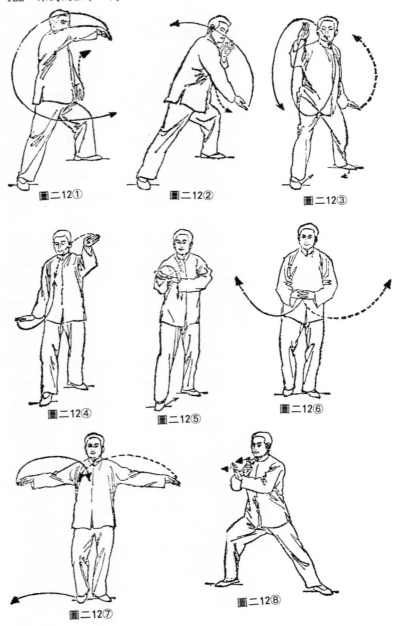

圖二12①

圖二12②

圖二12③

圖二12④

圖二12⑤

圖二12⑥

圖二12⑦

圖二12⑧

圖二12⑨　　　　　　　圖二12⑩

圖二12⑪　　　　　　　圖二12⑫

圖二12⑬　　　　　　　圖二12⑭

圖二12⑮　　　　　　　　圖二12⑯

左下方回旋下披掛肘，左拳微貼左腹腰側，拳心斜朝里，拳
眼朝左上；右臂由曲變伸，右拳先向右後下方逆纏繞轉，再
向右前上方順纏折回，拳高與肩平，拳心朝左上方，拳眼朝
右上方；目視右拳方向。此為右披身捶（圖二12⑯）。

　　要點：

　　①圖二12②為左轉蓄合勢，右手護腹護襠，左手護心護
首，意在右肩背。右手由鬆而開至下合纏繞一圈。圓活柔順
，連綿不斷，更要使右手與胸腹開合折疊渾為一體地纏繞運
行。圖二12③兩手相開時，右半身領右肩、右肘、右手，左
半身領左肩、左肘、左手，左右對稱地上下斜開，而又隨兩
腿的左蹬右弓而伸展對開，手到腳到，上下相隨，兩手與兩
腿垂直對正，右臂斜開上掤時又有背靠、肩靠、肘靠、臀靠
之意。

　　②圖二12④為大轉身法，右手先鬆落為承接來勢引進落
空，右轉旋繞一大圈時，應圓活無凹凸，並有肩靠、肘靠、
臀靠之意，暗藏採手和切掌，輔以右腳裡合腿法，腿手並用
而令對方僕跌。此手法之巧全仗身法的上下配合，轉關在腰

。圖二12⑦中兩手沿下弧雙分時，勁點在腕背，向下為按勁，以引化對方施於我身的擠勁而使對方失重落空，即以下一著的上合下開勢的雙順雙合手法，切對方的頸項動脈，或雙峰貫耳。所以，開合轉換應迅即、圓順，而又全憑胸腹開合折疊運化。

　　③圖二12⑨為右轉鬆蓄勢，周身上下左右須一齊鬆沈裏合蓄住勁，兩手節節抓閉握拳而有抓筋拿脈之意。圖二12⑩為磨盤旋繞，以拳領身，以身帶拳，上中下三節同時磨盤旋繞，左肩背隱有倚靠之意。圖二12⑫為右掛左衝拳，左伸右屈應勻速對稱，拳到肘到。圖二12⑬為左掛右衝拳，兩勢形成左右連環炮，縱放屈伸，上下相隨，虛實轉換皆隨腰轉。

　　④圖二12⑮左披身捶，圖二12⑯右披身捶，要拳與拳合，肘與肘合，臂與臂合，膝與膝合，足與足合，上下齊合而又前合後開，即胸腹相合，腰背相開，周身一齊合住，神氣不散。兩腳有擰轉之意，兩胯要開，襠要圓活，則下盤穩固如磐石。下坡時由實變虛引化來勢，上折時由虛變實一合即出，總要轉換虛靈，陰陽互濟。

　　(2)意氣運行路線：

　　動作一：隨心氣一鬆，周身之氣皆由外而內地鬆蓄於丹田，右臂隨意氣回轉而下垂。心意微開，內氣由內而外地漸漸擴散流淌，周身漸漸充張，右臂漸漸掤開。心意一合，內氣復由上下四旁回流蓄於丹田，入於骨髓，貼於脊背，兩臂隨之順纏相合。心意再開，內氣源源不斷地向四面八方暢行宣發，布於周身，達於四梢，兩手領氣左下右上地逆纏斜開，兩腿左弓右蹬亦相開。心意如此合開引領，使體內真氣循環往復，蓄滿聚足，才能無微不至地暢行周身內外而混元一體。

　　動作二：心氣再鬆，真氣又從周身四梢返回鬆蓄於丹田，右手順纏鬆回。隨丹田右轉，氣沿帶脈右轉圈的同時，以手領氣向右旋繞一圈，真氣在體內、臂內、腿內渾然流轉，領身右轉，領右腳回收，而形成左上右下的回環氣圈。而後鬆氣鬆身，右手領氣立圓繞轉後鬆蓄於丹田，同時收手收腳，心定神開，一片太極太和景象。隨心意一開，太和之氣活潑潑地向兩臂兩手腕漫延，領兩手雙分雙開。隨即，心意一合，兩手領氣交叉相合，氣貫兩掌，同時開右步，形成上合下開勢。

　　動作三：丹田右轉，兩手抓氣握拳，兩臂漸漸相合，周氣之氣蓄於丹田，入於骨髓，意氣神形混融相合。隨心意左旋右繞，丹田左右旋轉，帶脈左轉一圈的同時，則太和元氣在周身內外盤旋回環一圈，領身腰兩臂磨盤平旋一圈，兩腿隨勢左右旋繞，意行氣行，氣運形隨，意氣形合一，上中下相隨，形成混元一體的磨盤氣圈。隨即，丹田右轉，左拳領氣伸擠，右肘領氣後掛，丹田左轉，左肘領氣後卦，右拳領氣伸擠，兩臂屈伸往來，兩拳前後推拉，內氣鼓蕩開合、川流不息而形成左右連環炮。

　　動作四：隨丹田右轉，右拳領氣回流，聚於後丹田。氣沿帶脈左轉圈領身左轉的同時，內氣由命門出發，上行脊背，注於兩肩，通於右臂，達於右拳，右拳領氣隨勢在引。隨心意右盼回旋，氣由右拳順纏而下貫於右肘，領臂下披，同時沿左臂纏繞上行至左拳，領臂上折，形成左披身捶。意再領氣、領身體、領左拳向右引轉，隨心意左顧回旋，氣由左拳順纏而下貫於左肘，領臂下披，同時沿右臂纏繞上行至右拳，領臂上折，而形成右披身捶，內氣同時經胸前下降，歸於丹田。

12.背折靠

(1)**外形螺旋路線：**隨心氣下降，周身放鬆，腰向右轉，重心下沈。右拳向右下方弧形鬆落至右胯外側，拳心朝左上方，右臂放鬆；目視右下方（圖二13①）。

右拳隨身體左轉前湧，緩緩地向左上方劃弧引領至左肩前上方，手腕斜向左上方領住勁，拳心朝左前上方；左拳仍在左脇處，拳眼朝前上方。重心隨勢左移，左腿外旋前弓踏實，右腿內旋隱隱伸展。頭隨身轉，目視右拳方向（圖二13

圖二13①　　　　　　圖二13②

圖二13③　　　　　　圖二13④

②）。胸腹微合，右拳逆纏一小圈，肘微沈墜；腰略向右轉，左拳逆纏，拳而頂於左大腿根處，拳背朝前，肘尖略向前引（圖二13③）。

心氣向右折轉，腰胯圓活地向右折疊擰轉、折背而靠，腰背彎折如彈弓，上體略傾俯回顧身前，重心偏於右腿。右腿外旋弓屈坐胯，左腿屈膝內旋落胯，右腳踏實，左腳蹬展而有向地下擰鑽之意。同時，兩臂逆纏擰裹向右折靠；右肩背微向右後上方折靠，右臂屈肘向上方掤頂，右拳直腕沈著地拉向右額角前上方，拳心斜朝下，拳眼斜對右太陽穴；左拳面頂於左大腿根，左臂屈肘向右擰轉，左肩折靠。頭略低，目光穿過左肘注視左腳尖。此為背折靠定式（圖二13④）。

要點：

圖二13②為左顧引轉勢，接彼來勢，順彼來勁而左顧引轉；右拳纏繞一小圈是以纏絲勁化解對方擒拿手。圖二13③為欲右先左、欲發先蓄的蓄引勢，令對方失去重心、中門洞開，我即以右肩背迎之。圖二13④背折靠肘，腰背擰旋而開，胸腹扭轉而合，即前合後開，腰要開，胯亦開，襠要圓，則腰背自然開圓。左肩與右肩相合，左肘與右肘相合，左拳與右拳相合，而且，右肘尖與右膝尖相對，左肘尖與左腳尖相對，皆隨胸腹相合。右腳雖實隨折背而有騰虛之意，左腳雖虛隨俯身而有蹬展之意，虛實轉換全在腰胯；右臂肩、肘依次掤靠。頂勁領好，襠勁下好，前後左右、上下四旁、一齊折轉。

(2)**意氣運行路線**：心氣下鬆，周身之氣皆鬆蓄於丹田，右拳領氣旋繞一圈，丹田左轉，氣沿帶脈左轉圈後再聚於丹田，氣貼脊背，注於兩肩；隨心意右轉折靠，內氣直貫後丹

田；領背折靠。氣行兩肘、兩拳而擰轉折靠，同時周身皆前
合，氣即歸丹田。

13.青龍出水

⑴**外形螺旋路線：**心氣下沈，周身放鬆，腰向左轉，重
心漸漸左移。左腿前弓踏實，右腿徐徐伸展，同時以身領右
拳先向右上方微微逆纏開展，再向左下方徐徐順纏劃弧下擺
、鬆落至左胯前，拳心朝內，拳眼朝左；左臂自然向左後方
鬆移，左拳仍鬆貼左胯；頭向右轉，目視右前下方（圖二14
①）。

身肢稍伸拔，胸腹微相開，重心略上升。右前臂鬆抬至
胸前，拳心朝下，拳眼朝內；左拳鬆垂於左胯外側，拳心朝
內，拳眼朝前（圖二14②）。

隨心意右盼，腰向右轉，以身領右肩、右肘、右拳沉穩
地經前向右後下方旋繞一大弧，右肘向右後下方斜掛，右拳
沉至腰右側，拳心朝上，拳眼朝右；左拳相隨向右前上方順
纏劃弧至右肩前（西南角），拳心朝右上方，拳眼朝左前上
方。同時，重心右換，右腿外旋前弓踏實，左腿內旋伸展虛
蹬，兩腿開胯圓襠；目視左拳方向（圖二14③）。

腰向左擰，胸腹相開，重心左移，左腿外旋前弓，左腳
踩實；右腿內旋伸展，右腳虛蹬。同時，右拳先向右後下方
逆纏展開，再向右前上方環繞打出反背拳，拳背朝左，拳眼
朝下；左臂由伸變曲，以肘領勁，向左後下方收掛至腹左側
，拳心斜朝內，拳眼朝左上；目視右拳方向（圖二14④）。

腰向右轉，上體略向右前傾俯；胸腹相合，重心順勢右
換，右腿外旋弓屈，左腿內旋蹬展，隨轉體，右臂由伸變曲
，右拳圓活地順纏收至右腹前，拳心朝前上，拳眼朝右；左
臂由曲變伸，左拳鬆開漸成陽八字手，並以食指領勁向右前

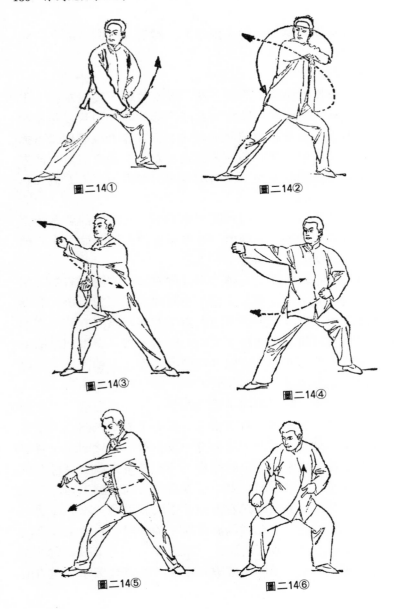

圖二14①

圖二14②

圖二14③

圖二14④

圖二14⑤

圖二14⑥

下方伸指，手心朝下，食指尖朝右前下方；目視左手食指方向（圖二14⑤）。

　　腰向左擰旋，胸腹斜開，重心逆轉左移，左腿外旋，右腿內旋，兩腳同時擰轉下鑽。左臂由伸變曲，以肘領手斜向左後上方順纏拉至左腰側，手心斜朝裡上，食指朝右下方；右拳由曲變伸，經左前臂內側向右前下方橫擊，高與膝平，拳心朝右後方，拳眼朝左，拳輪與前臂尺骨朝右；目視右拳方向。此為青龍出水定式（圖二14⑥）。

　　要點：青龍出水一式共有五次腰的左右轉換，五次轉腰都要渾圓自如、回環旋繞、連綿不斷，既無凹凸，也無停斷，才能形似青龍出水的盤旋繞轉。在用法上皆為連環法，上有連環左右捶，下有指、捶連環出，上打頭部下打陰，上驚下取不離中，即左右連環捶都在右上方，指捶連環都在右下方，皆在中線的上下端。此為太極變中拳。圖二14③中，左拳向右上橫擺時勁點在拳輪，右臂的勁點在右肘，形成右掛肘左擺拳勢，左蹬右弓、旋腰轉胯、下掛上擺須同時進行。右臂旋繞時，意念有先肩靠、後肘靠，再掛靠之程序。圖二14④中，右反背拳與左掛肘須勻速對稱，拳到肘到，勁點在右拳背和左肘尖，換勢全憑腰轉。圖二14⑤中，右肘回掛與左指伸彈應勻速對稱，肘到指到，勁點在右肘尖和左手食指，頭雖略低，腦後二大筋自然領起來頂勁不丟，襠勁下好，鬆腰斂臀，中氣自然貫穿而不失中定。圖二14⑥，左手回收與右拳橫擊，如抽絲一般螺旋往復、柔順圓活，以心意為主，連綿不斷，不要努氣用力、硬杵猛拉。兩腰眼鬆開，兩胯鬆開，兩膝撐開，貴在襠圓，兩臂相開又相合，兩腿相開亦相合，而又上下相合，右臂與右腿合、左臂與左腿合、左右平準；週身一家。勁點在左肘尖與右拳輪和右前臂尺骨側。

(2)**意氣運行路線**：隨心氣下沉，丹田左轉，散佈於週身的勁氣由外而內地鬆回蓄於丹田，右拳隨之順纏下鬆，身體左轉。然後意領氣由丹田出發，循脊背上行，貫注於兩肩經竅，並下行至左腿左腳，注於右胯。隨丹田右轉，身體右轉，內氣自然沿體前至丹田，同時由右肩下行至右肘至右拳背，右肘後掛，右拳沉按，經左肩順纏流轉至左臂、左拳輪，向右上方橫擺，並經右胯落氣到右腳湧泉，左腳蹬展。在心意左旋右繞的引領下，丹田左轉右旋，內氣在週身內外上下流轉，循環往復，左臂由伸變曲左掛肘，意領氣似高山流水向左下回流，同時右拳領氣逆纏而上打反背拳。右臂復由伸變曲向右掛肘，意領氣又如懸河瀉水自右上向右下流瀉，並隨左手伸彈而向左手食指奔流。丹田再左轉，身體左擰轉，內氣沿帶脈左轉圈至後丹田的同時，經脊背上行至右肩，再下行至右肘、右前臂尺骨側、右拳輪向右下方橫擊，同時，左肘領氣收拉而形成左掛肘，最後內氣由後丹田經右向前轉，而後收歸於丹田。

14.雙推手

(1)外形螺旋路線：

動作一：隨心氣鬆領，右拳鬆開緩緩地向右上方屈肘鬆引至右胸前。同時，上體稍伸展，重心略上提（圖二15①）。然後，隨腰左轉和重心左移，右手沿右下弧線順纏下掤至右胯前，手心朝左下方，指尖朝右前下方；左手貼腹、左上右下地圍繞肚臍旋繞一小圈，仍回到原來的位置（圖二15②）。

右手繼續左引，右腕與左手背交搭相合，再隨腰右轉，沿左上弧線經胸前向右前方緩緩伸擠，左手順纏，右手逆纏，兩手腕背鬆貼交搭，左手心朝內，指尖朝右。右手心朝前

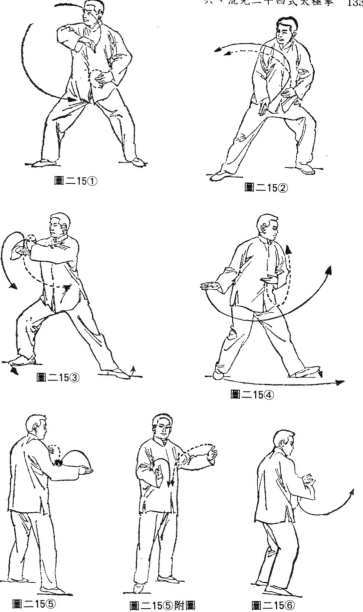

圖二15①

圖二15②

圖二15③

圖二15④

圖二15⑤

圖二15⑤附圖

圖二15⑥

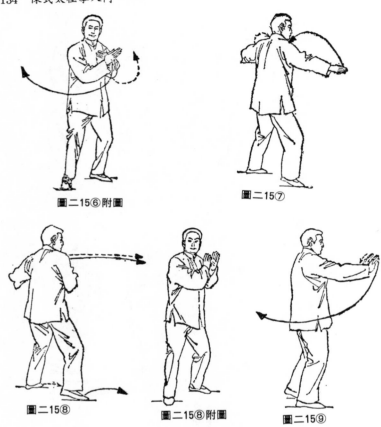

圖二15⑥附圖　　　　圖二15⑦

圖二15⑧　　　圖二15⑧附圖　　　圖二15⑨

下，指尖朝左，兩臂抱肩合肘。身體徐徐前擁，重心漸漸右
移，右腿外旋前弓踩實，左腿內旋微伸展；目視兩手方向
（圖二15③）。

　　兩手先微向右上方鬆引，腰左轉折疊，兩手再沿右下弧
線弧形下攦，左臂環繞於胸腹前，手心朝內，指尖朝右後方
；右手心斜朝右前下方，指尖亦朝右後方。同時，左腿以腳
跟為軸順勢外旋，腳尖外撇，右腿隱隱內旋，腳尖自然內扣

；頭隨身轉，目視體前下方（圖二15④）。

身體繼續左轉，重心隨之前移落於左腿，左腳沉穩踩實；右腳順勢向前上步，落於左腳右前方，前腳掌虛著地（面朝東）。同時，以身領兩手向上掤攦，左手腕背領勁掤至左肩前，手背朝左（朝北），右手攦至右胸前，手心斜朝左上方，兩手指尖皆朝前（朝東）；頭隨身轉，目視右前方（圖二15⑤及附圖）。

動作二：隨心氣一鬆，腰微右轉，兩手順纏沿上弧線向中線交叉鬆合於胸前，左手在裡，右手在外，兩手心皆朝內（圖二15⑥及附圖）。腰隨即左轉，胸腹隨之相開，以身領兩手向體側兩旁弧形掤開，兩手背皆朝外，兩手心遙相對，鬆腕舒指。重心仍在左腿，同時兩腿微微相開；目視前方（圖二15⑦）。

兩臂隨即逆纏屈肘沉合，兩手環收至左胸前，左手合至左胸前，右手合至胸前中線處，兩手心相對，指尖上豎，兩肘護脇；目視前方（圖二15⑧及附圖）。

隨心氣前湧，右腳沉穩地向前（正東）上一大步，腳跟先著地，腳尖朝前，隨即重心前移，右腳踏實，左腳順勢跟步落於右腳左側成虛步，間距同肩寬，足尖落於右腳心左側。同時，以身領兩手沉著地向前推擠而形成雙推手定式，兩手與兩乳對齊，手心皆朝前下方，指尖斜朝上，虎口自然相對，兩臂沉肩墜肘彎如弓；目視前方（圖二15⑨）。

要點：

①圖二15②中，左右手各纏繞一圈，右手纏繞一大圈，左手配合丹田內轉纏繞一小圈，腰、腹、臀、胯同時旋繞，以外動領內動，以內動帶外動，內外合一，周身一家，胸腹同時開合折疊而鼓蕩內氣。圖二15③為合手前擠，兩臂抱肩

合肘要與腰背圓撐配合，上下相隨，周身相合，才能形成左蹬右弓合手擠、周身一家身前擁之勢。圖二15⑤為轉身上步掤攦勢，身體左轉、右腳上步、兩手掤攦須一氣呵成，身到手到腳到。兩臂環形相抱，肩肘手鬆沉相合，掌心斜相對，頂勁虛領，脊柱豎直，鬆腰斂臀，上虛下沉，安如磐石，右腳尖、右手指的朝向和目視方向一致。

圖②二15⑦為雙開勢，即兩臂相開，兩腿亦開，一開全開，而又前後呼應斜相對，左右開弓勢相連，開之不散，如一渾圓大球。雙開時掤中有按，以化解對方推擠之勢，而使對方失重落空。轉關在腰，運化在胸腹。圖二15⑧腰左轉胸腹一開即合，兩臂自然屈肘相合，此時身手雖未前去而意在先已出。

③雙推手時，進步進逼中宮，套封插逼占先勢，身到手到一起到，才能顯出威力來。

⑵**意氣運行路線：**

動作一：在心意纏繞的引領下，丹田內轉，內氣在體內盤旋流轉的同時，右手領氣纏繞一圈而貫注到指梢，左手領氣圍繞著丹田內外合一地旋繞一小圈。兩手領氣相合後，內氣即蓄聚於後丹田，而後直貫前丹田，催身前擁，同時上行至脊背，經兩臂肩、肘、手之經竅，節節貫注而形成上下合一的前擁勁。心意再纏繞，氣沿帶脈左轉圈而領身左轉時，兩手領氣同時旋繞左轉攦掤，貫注左手背外勞宮和右手心內勞宮，並領右腳上步，形成一個左上右下的纏絲氣圈。

動作二：隨心氣一鬆，週身勁氣皆鬆蓄於丹田，隨心氣一開，內氣由丹田出發，經體前向上下四旁暢行，領兩手雙開，隨即由梢端循臂回游經肩背匯合於後丹田，兩臂即屈肘沉合，內氣入於骨髓。隨心氣前湧，內氣即由丹竅出發，出

於骨縫，行遍週身，貫注兩手兩腳而形成上步雙推手。

15．三換掌

⑴**外形螺旋路線**：周身放鬆，兩手隨腰右轉，同時沿下弧線左前右後地逆纏划弧展開，再順纏翻掌，左手在前，手心朝前上方，指尖朝前下；右手在後，手心斜朝右上方，指尖斜朝右下方。隨轉體，右腿外旋向下撐鑽，左腿順勢內旋，腳跟自然外展，胸腹隨之相開；目視左手方向（圖二16①）。

腰緩緩左轉，左腿外旋，右腿內旋。右手屈肘上抬至右肩上方，肘尖朝右，掌心朝前，指尖朝左；左手順纏向右划弧收至身體中線前方，手心朝上，指尖朝前（圖二16②）。

腰繼續左轉，左腿繼續外旋，腳跟隨勢內轉。右手逆纏，經左手心上方沉穩地向前推擠，掌心朝前下方，指尖斜朝左前上方；左手隨轉體向左後下方徐徐拉至左胯外側，手心斜朝前上方，指尖朝前下方，目視右掌方向。此為第一掌（圖二16③）。

腰緩緩右轉，右腿外旋，左腿內旋，腳跟隨勢外展，左手逆纏屈肘上抬至左肩上方，再經右手心上方沉穩地向前推擠；右手同時順纏翻掌屈肘回收，向右後下方徐徐拉至右胯外側，左掌心朝前下方，指尖朝右前上方。右手心朝前，指尖朝下；目視左掌方向。此為第二掌（圖二16④⑤）。

腰再向左緩緩回轉，右腿內旋，左腿外旋，腳跟自然內轉。右手逆纏屈肘上抬至右肩上方，經左手心上方向前推擠，手心朝前下方，指尖朝左前上方；左手同時順纏翻轉屈肘回收，向左後下方徐徐拉至左胯外側，手心朝前，指尖朝下；目視右掌方向。此為第三掌（圖二16⑥⑦）。

要點：三換掌是在身法中定的基礎上進行前後左右的虛實轉換，形成兩手交替換掌前推勢，重心在右腿，虛實變在

圖二16①　　　圖二16②　　　圖二16③

圖二16④　　　　　　圖二16⑤

圖二16⑥　　　　　　圖二16⑦

兩腰腎，即：右換掌時，右腰腎為實，左腰腎為虛，重心沉於右腳；左換掌時，左腰腎為實，右腰腎為虛，左腳撐轉為虛中有實；兩手換掌時，兩手心即左右勞宮穴交合後再分開，左手為陽、右手為陰，左腎為陽、右腎為陰，在內則內換、在外則外換，陰陽開合而又互為其根，運化全在胸腹間，胸腹開合折疊而陰陽二氣得以運轉。

(2)**意氣運行路線：**丹田右轉，氣沿帶脈右轉圈的同時，領身右轉，陰陽二氣由丹田出發，循脊背上行至兩肩兩臂，行至兩手指梢，兩手左前右後雙逆雙分，兩手領氣由指梢順纏返回勞宮，隨丹田左轉，氣沿帶脈左轉圈的同時，兩手心勞宮穴交合，陰陽二氣交合，右手領氣逆纏推擠再貫注指梢，左手領氣繼續回流至丹田，形成第一掌。然後左手領氣再由丹田出發，經左臂至手心勞宮，隨丹田右轉，氣沿帶脈右轉圈的同時，兩手心勞宮穴再次交合，左手領氣逆纏推擠而貫注至指梢，右手領氣順纏回流至丹田。如此循環往復，交替輪換，陰陽二氣似行雲流水，周流不息，連綿不斷，意到氣到掌到勁自然就到。此勢心有三轉，氣有三運，掌有三換，而陰不離陽，陽不離陰，陰陽互濟，方為太極。內氣發於丹田，出入於腎。丹田為蘊氣之所，腎為生氣之舍，即所謂「腎間動氣」。腎有二枚，各為陰陽而生陰陽二氣，兩腎轉換，陰陽二氣得以周流運轉，即由命門而出。命門即兩腎之間，氣出入之門戶。所以有「出腎入腎是真訣」一說。

16．倒卷肱

(1)**外形螺旋路線：**

動作一：心氣一鬆，周身放鬆，右手隨之下鬆，再緩緩地沿立圓軌跡的後上弧線向前上方逆纏上領，並漸漸地抓閉握拳，拳心朝左，拳眼朝上（圖二17①）。然後再沿立圓軌

跡的前下弧線沉著地順纏收拉至右腹前，拳心朝內，拳眼朝上。同時，腰向右轉，上體轉正（朝東），以身領左手先微向左後下方鬆引，再逆纏屈肘抬經左肩外側徐徐向前推擠，手心朝前，指尖朝上；目視左手方向（圖二17②）。

動作二：腰繼續右轉，重心下降，右腿漸漸屈膝下蹲，左腳緩緩向左後方（西北角）撤一大步，腳內側先著地，腳尖朝左前方。然後身體左轉後倚，重心隨勢後移，左腿漸漸弓屈、坐胯踩實，右腿漸漸伸展前蹬。同時，右拳鬆開由左臂彎內側穿出，經左手背上方徐徐向前推擠，鬆肩、沉肘、坐腕，手心朝前下方，指尖朝前上方，左手先向右移至右胸前方，再向左後下方緩緩弧形下攦至左胯外側，沉肩、墜肘、塌腕，手心朝下，指尖朝左前方；目視右手方向。此為第一倒卷肱（圖二17③）。

動作三：腰微右轉，重心前移，右腿屈膝前弓踏實，左腿略蹬展，腳跟微離地。同時，兩手放鬆，先逆後順地旋腕轉膀翻掌，右手在前，手心斜朝左前上方，指尖斜朝右前下方；左手屈肘收至左肩外側，手心朝左前上方，指尖朝右後上方（圖二17④）。

重心後移，左腳跟外展踏實，身體隨之坐於左腿，右腳自然沿左弧線貼地收拉至左腳內側旁。同時，右手逆纏屈肘，由前向後收至胸前，手心斜朝左前下方，指尖斜朝左前上方；左手由後向前經左耳側推至胸前，置於右手背上方，手心斜朝右前下方，指尖斜朝右前上方；目視前方（圖二17⑤）。

重心下降，左腿漸漸屈膝下蹲，右腳緩緩向右後方（西南角）撤一大步，腳內側先著地，腳尖斜朝右前方。然後身體右轉後倚，重心漸漸後移，右腿逐漸弓屈坐胯踩實，左腿

逐漸伸展前蹬。同時，左手經右手背上方繼續向前推擠，鬆肩沉肘坐腕，手心斜朝右前下方，指尖斜朝右前上方；右手經左手心下繼續向右後下方弧形下攦至右胯外側，沉肩墜肘塌腕，手心朝下，指尖朝右前方，目視左手方向。此為第二倒卷肱（圖二17⑥）。

　動作四：腰微左轉，重心再前移，左腿實，右腿虛，右

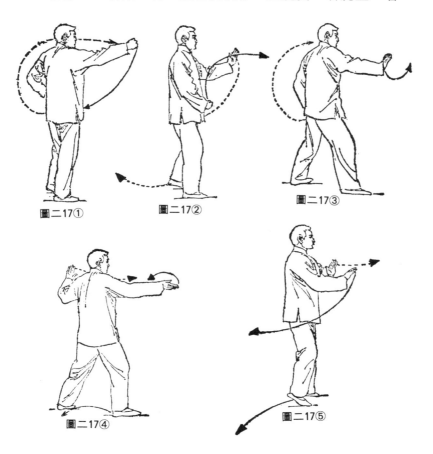

圖二17①　　　圖二17②　　　圖二17③

圖二17④　　　圖二17⑤

圖二17⑥　　　　圖二17⑦　　　　圖二17⑦附圖

　　腳跟自然離地。同時，兩手放鬆，先逆後順地向兩側上方旋腕轉膀翻掌至肩平，手心皆朝上。隨後，重心後移，右腳跟外展落實，身體坐於右腿；左腳順勢沿右弧線貼地收經右腳內側向左後方撤一大步。同時，身體左轉後倚，重心後移，左腿漸漸弓屈坐胯踩實，右腿漸漸伸展前蹬。同時，右手收經右耳側和左手背上方向前推擠，鬆肩沉肘坐腕，手心斜朝左前下方，指尖斜朝左前上方；左手向左後下方弧形下擺至左胯外側，沉肩墜肘塌腕，手心朝下，指尖斜朝左前方，形成第三倒卷肱勢；目視右手方向（圖二17⑦及附圖）。

　　要點：

　　①圖二17①至圖二17②，右拳沿後上前下的立圓軌跡繞轉一週。右手用意節節抓閉而成拳，暗含抓筋拿脈之意。右拳與左手的推拉須勻速對稱，徐緩相當，沉著穩靜，左手立掌護於體前，與腹前的右拳上下照應，上驚下取，右拳隨勢彈擊對手襠腹部。

　　②撤步時，後撤之腳如履薄冰。定式時，前手臂彎如弓，指尖與前腿的膝尖、腳尖三尖相對皆朝前，後手與後腿的

膝尖、腳尖三尖相對。兩臂的肩、肘、手前後相連相合，並與兩腿的胯、膝、腳上下相照相應，即開中有合。兩臂對開與兩腿對開皆隨腰轉，一開全開，勻速對稱，節節伸展。身雖後倚，而意在前，自然中定平準。兩臂隨三次撤步而形成了三次更迭運行的順逆纏絲圈。卷肱時以意旋腕轉膀，逆纏開展，順纏卷收，總要鬆活、柔順、圓轉、連貫。

(2)意氣運行路線：

動作一：心氣一鬆，周身之氣皆鬆回至丹田，右手下鬆，意領氣由後丹田上行，循脊背至右肩。右手領氣逆纏上領而貫注指梢，然後抓氣握拳入於骨髓，順纏收到腹前；左手同時領氣循左臂上行至掌心勞宮，立掌前推，內氣依流循環而形成前下後上的纏絲立圈。

動作二、三、四：心氣右轉下沉，左手領氣沿臂內回流經胸前下降至丹田的同時，向左後下方攔按。意領左腳後撤步的同時，領氣由丹田下行經左腿下降至左腳湧泉，然後落氣踏實。右手領氣向前推擠的同時，意領氣由後丹田上行，經脊背而至右肩，沿有臂逆纏流轉至右手勞宮及指梢，形成了前下後上的陰回陽出、更迭運行的倒轉纏絲圈。然後，心氣再鬆，兩手領氣先逆纏轉膀入於骨髓，再順纏卷肱出於骨縫。意領右腳向後撤步的同時，領氣由丹田下行經右腿下降至右腳湧泉，落氣踏實。右手領氣沿右臂回流經胸前下降至丹田的同時，向右後下方攔按；左手領氣向前推擠的同時，意領氣再由後丹田上行，經脊背至左肩，沿左臂逆纏流轉至左手勞宮及指梢，又形成了前下後上的陽回陰出、更迭運行的倒轉纏絲圈。如此循環往復、左顧右盼地倒轉運行，陰陽二氣隨之來回輪轉，而形成倒轉運行的太極圖。

17.退步壓肘

⑴外形螺旋路線：

動作一：心氣放鬆，腰微左轉，右手隨身體向左蓄引之勢屈肘鬆掤至右胸前，手心朝右下方，鬆腕垂指；左手同時鬆垂於左胯旁。胸腹微相開，目視右前方（圖二18①）。

在心意折疊旋繞的引領下，右手以肘為軸，隨腰先向右後向左轉，向後、向右、向前順纏平繞一圈，手心朝上，指尖朝右前方。同時，左腿微外旋，右腿隱隱內旋；目視右手方向（圖二18②）。

腰繼續左轉，以身領右手左轉劃弧合至左腹前，手心朝後上方，指尖朝左下方。隨即，腰向右轉，以身領左手自左後方向右前方順纏劃弧至上腹前方，手心朝右前上方，指尖朝前。同時，左腿內旋，右腿外旋，重心仍在左腿；目視左手方向（圖二18③）。

隨心氣下沉，腰向左轉，上體略傾俯，胸腹相合，左手合到右腹前，置於右肘下方，抱在右肘外側，同時，右臂以肘領肩向右下方鬆沉下壓，重心隨之下降，兩腿開胯圓襠；目視右前下方（圖二18④及附圖）。

隨心意一開，上體緩緩直起，胸腹漸漸相開，兩腿隱隱蹬展，兩手徐徐對開：右手逆纏向右前方伸展擠撐，手心朝右前下方，指尖朝左前上方；左手小指及無名指微貼右腹，向左腹方向移拉，手心斜朝裡上；目視右手方向（圖二18⑤及附圖）。

動作二：隨心氣放鬆，兩手鬆開。隨腰微向右轉，兩手鬆蓄合於胸腹前：右手屈肘鬆合到左胸前，手心朝前下方，鬆腕垂指；左手屈肘鬆合到右腹前，手心朝下，鬆腕垂指；目視前方（圖二18⑥）。

在眼神心意的引領下，腰向左轉。右手沿平圓的右弧線

繞經右肩上方向右前方順纏平旋，手心朝上，指尖朝前，左手沿平圓的左弧線自左前方向左後方順纏平旋至左肩前，手心朝右前上方，指尖朝左後上方；目視右手方向（圖二18⑦）。

　腰繼續左轉，重心左移，左腿踏實，右腳順勢沿左弧線經左腳內側向右後方（西南角）撤一大步，腳尖朝右前方。隨即，腰向右轉，重心後移，右腿踏實，左腿變虛。身體下

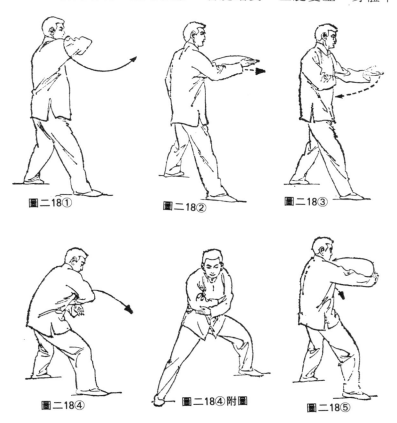

圖二18①　　　圖二18②　　　圖二18③

圖二18④　　　圖二18④附圖　　　圖二18⑤

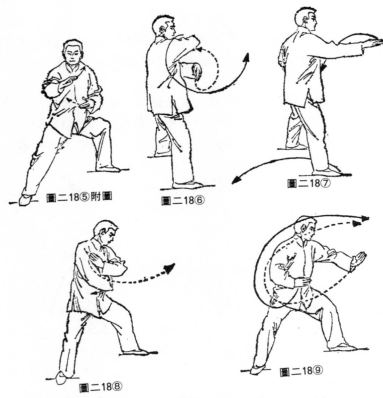

圖二18⑤附圖　　　圖二18⑥　　　圖二18⑦

圖二18⑧　　　　圖二18⑨

沉，上體略向前俯，胸腹相合。右手隨勢向左劃弧收至左腹前，置於左肘下方；左手隨轉體合至右胸前，以肘領肩向左前下方鬆沉下壓，形成退步左壓肘勢；目視左前下方（圖二18⑧）。

　　隨心意一開，上體緩緩直起，胸腹漸漸相開，兩腳隱隱蹬展，兩手徐徐相開：左手逆纏向左前方伸展擠撐，手心朝左前下方，指尖朝右前上方；右手輕貼腹以肘領手向右移拉至腹前，手心朝內，指尖朝左；目視左手方向（圖二18⑨）。

要點：

①圖二18①②為右手單臂磨盤纏絲圈，右臂以肘為軸，身體以腰為軸，兩腿以膝為軸，上中下同時磨盤旋繞，並與胸腹開合折疊相配合，內外合一、圓活無滯地完成這一動作。圖二18④為右壓肘勢，兩臂抱肩合肘，兩腿開胯圓襠，腰背裹圓，周身相合，肩下沉與胯相合，肘下壓與膝相合，一合俱合，而合中又有開，即上合下開，前合後開，身雖前俯而背後開，自然中定。圖二18⑤，兩臂相開如開弓，須勻速對稱、沉著穩靜、氣勢飽滿，兩肩、兩肘、兩手似牛筋相縛而有難開之意，即開中有合，雖開猶合，連綿不斷。同時，兩胯，兩膝、兩腳亦有相開之意，即一開全開，上下俱開，內外皆開，如一充足氣的圓球，上下左右前後皆向外掤展。

②圖二18⑥⑦，為雙臂磨盤纏絲圈，同樣，兩臂以肘為軸，身體以腰為軸，兩腿以膝為軸，上中下三軸同旋而形成周身一家的磨盤纏絲圈，運化全在胸腹開合折疊之中，肘、膝、腰三軸而又相連相合，雖開猶合，圓活不散。圖二18⑧右腳弧形後撤時，腳掌貼地如履薄冰，不要快，不要含混而退，要細心體察腳下的消息。身體右轉、後倚，下坐要沉穩凝重，安如磐石，有背靠、臀靠、胯靠、膝靠之意。左壓肘與對開勢的要領同上。

(2)**意氣運行路線：**

動作一：隨心氣一鬆，周身勁氣皆由外而內地鬆回至丹田。在心意磨盤的帶領下，丹田左旋右轉，內氣在體內盤旋繞轉的同時，貫注右肘和兩膝之經竅，右手領氣磨盤旋繞一圈而形成磨盤臂圈，並旋膝轉腿，內氣下旋至兩腳湧泉。意領氣沿帶脈先左轉再右轉，身體隨之左轉右旋，兩手領氣環抱相合，隨右肘領肩鬆沉下壓的同時，意領氣由脊背上行至

右肩，由右肩井穴入於骨髓下行至右肘曲池穴，而形成右壓肘勢，意到氣到，氣到勁到，同時，翻過肩背，經胸前下降（胸腹相合、上體前俯）至丹田。隨心意一開，內氣充盈飽滿地由內而外地同時向上下左右前後四旁漫溢膨脹，氣貫兩臂至右掌左肘，下貫兩腳湧泉而周身相開，意氣神形渾然一體，氣勢磅礴。

動作二：心氣再鬆，周身勁氣復鬆回丹田，兩手自然鬆開。在心意磨盤的引領下，丹田右旋左轉，帶脈左右轉圈，兩臂磨盤開合，兩腿內旋外繞，內氣在周身內外上下盤繞流轉，而形成周身一家的磨盤纏絲混元圈。然後，落氣至左腳，意領氣下行到右腳，領腳向右後方撤步並落至右腳湧泉，同時，兩手領氣相合環抱。隨左肘領肩下壓，意領氣再由脊背上行至左肩入於肩井穴、下行至右肘曲池穴，意到氣到勁到，而形成左壓肘勢，並翻過肩背，隨胸腹相合和身體下沉前俯，沿體前下降至丹田。然後，心意再度相開，內氣由內而外地向四旁宣發掤開，氣貫左掌右肘，下貫兩腳湧泉，周身相開。

18.中　盤

⑴外形螺旋路線：

動作一：隨心氣放鬆，兩臂先緩緩地向右下方鬆落，再隨腰左轉，兩手沿右上弧線徐徐地向左前上方鬆領，鬆腕舒指下垂。同時，身體前攦，重心前移，左腿踏實，右腿伸展；目視兩手方向（圖二19①）。

腰向右轉，身體後倚，重心後坐，右腿屈膝坐胯踩實，左腳隨勢收至右腳內側旁，前腳掌虛著地。同時，以身領兩手沿左前下弧線向右下方弧形攦按，左手落於左胯前，手心朝後下方，指尖朝前下方；右手落於右胯前，手心朝右後下

方，指尖朝右前下方；目視左前下方（圖二19②）。

　　腰微向左轉，左腳順勢向左前方（東北角）邁半步，腳跟先著地，隨即，重心前移，左腳踏實。左手以肘為軸，沿右上左下的環形路線順纏翻掌落至左腹前，手背朝下，指尖朝左前方；目視左手方向（圖二19③）。

　　右手隨後也沿右上左下的環形路線向左下方繞轉一圈，切搭於左前臂上方，手心朝左下方，指尖朝左前上方，兩手交合於腹前。同時，右腿屈膝向左上方提頂，右膝高與腰平，稍向左合，小腿鬆垂，腳底平展，形成上下齊合的左獨立勢，目視左前下方（圖二19④）。

　　隨心氣下沉，右腿鬆落震腳，落於左腳右側旁，一俟右腳落實，重心即沈於右腿，左腳隨之向左開半步，腳跟先著地，腳尖朝左前方。兩手仍相合，形成上合下開勢。目視右前下方，身體朝東北方向（圖二19⑤）。

　　動作二：心氣放鬆，左手略向左上方鬆開，手心朝右；右手向右下方鬆落到右胯外側，手心朝右後方，兩手指尖皆下垂；目視前方（圖二19⑥）。

　　腰微向右轉，右手沿右上弧線向左上方順纏旋繞半圈，屈肘合到左肩前，手心朝左後上方，指尖朝左前上方；左手隨轉體自然向右下移至右大腿前，手心朝左後方，指尖下垂，兩臂形成交叉蓄合勢；目視右手方向（圖二19⑦）。

　　隨心意左顧斜開，腰向左圓活一轉，上體稍伸展，胸腹斜相開，重心向左移，左腿外旋踩實，右腿內旋並領右腳向左腳方向收拉，前腳掌虛貼地，腳跟自然外展微離地。左手隨轉體沿右上弧線經右臂外側斜向左上方逆纏掤展至左肩前上方；右手沿左下弧線經胸腹前斜向右下方逆纏攦按至右胯外側。左手心朝左下方，指尖朝左前上方；右手心朝右下方

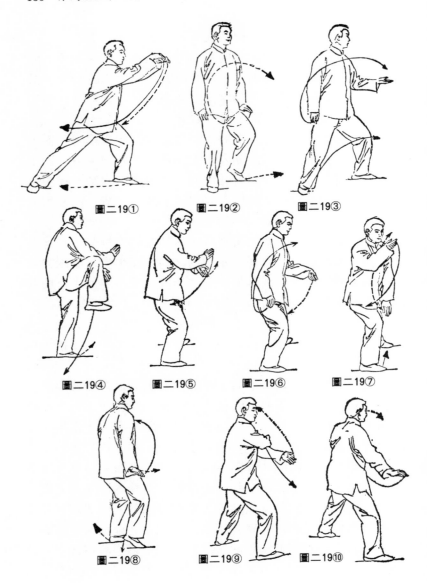

圖二19①　　圖二19②　　圖二19③

圖二19④　　圖二19⑤　　圖二19⑥　　圖二19⑦

圖二19⑧　　圖二19⑨　　圖二19⑩

，指尖朝右前下方；目視右前下方（圖二19⑧）。

　　動作三：腰向右轉，重心下沈，右腳落實，屈膝坐胯下蹲；左腳向左橫開一步，腳跟先著地。兩手同時順纏合至胸腹前：左手沿左下弧線向右下方環繞至右腹前，置於右臂下方；右手沿右上弧線向左上方環繞至左胸前，左手心朝右，指尖朝右前下方。右手心朝左，指尖朝左前上方。胸腹相合，上體略傾俯；目視右前下方（圖二19⑨）。

　　隨心氣一開，腰向左轉，身體左倚，胸腹相開，重心漸漸左移，左腿前弓逐漸踩實，右腿徐徐伸展虛蹬。同時，以身領兩手左提右拉沈著斜開：左手腕背領勁，斜向左上方掤展；右手掌根領勁，經左前臂和左手虎口上方斜向右下方攔按，形成上下斜開的中盤定勢。左手心斜朝右下方，指尖斜朝右前下方；右手心斜朝右下方，指尖朝右前方。左腕高與眉平，右手高與胯平。目視體前並顧及兩手（圖二19⑩）。

　　要點：

　　①圖二19①②，兩手是沿斜豎圓軌跡的右後上、左前下路線運動的，正好運行一圈，重心後移要與兩手下攔、左腳回收同時完成。整個動作要鬆虛、緩慢、順遂，心想前上就前上，意想下攔就下攔，意領氣行形隨，然後平心靜氣地凝神而立。

　　圖二19③中，腰左轉、開左腳、翻左手和重心左移均須上下相隨、一氣呵成。圖二19④右切掌與右膝提頂皆一氣呵成，圓活無滯。右手是沿斜豎圓軌跡的右上左下路線環繞一周，再向體前下方切掌，在用法上則是先打撲面掌再切掌，上驚下取膝頂腿，並與左腿、左手配合好。圖二19⑤為上合下開勢，右腳震落時，應鬆氣鬆腿、鬆落震腳，不可努氣用力跺踏；左腳開步應順遂自然，好像是被右腳震彈出去似的

，左腿同樣要放鬆無拙力。

②圖二19⑦為右轉纏繞蓄合勢，充分體現出陳式太極拳「欲開先合、欲左先右」的特點，心意左顧，左肩領住勁。圖二19⑧形成左轉側斜雙逆雙開纏絲圈，兩手上下斜開和右腳收拉皆隨身腰而動，身到手到、手到腳到。右腳似乎是被左手領帶左移的，右腿要鬆胯、鬆膝、鬆腳，胯膝腳三節若斷似連。兩臂斜開時，由肩而肘而手依次開展，兩肩、兩肘、兩手而又對稱相開、圓轉相連、左右不準，則中定不丟。

③圖二19⑨為兩臂雙順纏絲的上合下開勢，右轉腰、換重心、開左腳、兩手合要同時完成，一氣呵成，尤其注重身腰的摔旋下沈，體現出周身回旋升降之氣勢。圖二19⑩為中盤定勢，一開全開、上下俱開，兩臂的肩、肘、手和兩腿的胯、膝、腳須對稱，上下相隨、左右平準、連綿不斷地開展，全身骨節均須照應好。左臂上展與左腿垂直、右臂下展與右腿相合。頂勁領好，襠勁下好，脊柱豎直，上虛下實，體現出一身五弓齊備、四平八穩的宏大氣勢。

⑵意氣運行路線：

動作一：心氣一鬆，周身之氣由外而內地鬆回至丹田，兩臂隨之放鬆。意領兩手向左上方鬆領的同時，領氣由體後督脈上行，貫兩肩、通兩臂、達兩手；再由梢端返回經兩臂內側順流而下，經胸腹歸於丹田，意領兩手攄按收回，同時領左腳收回，形成了陰陽二氣沿後上前下的斜立圓同時運行的混元圈，以意領氣再從後丹田上行，循脊背至左肩、左臂、左手，領左手順纏繞轉一小圈，翻掌落於左胯前，意領氣同時下行左胯、左腿、左腳，並領左腳前邁半步落氣至腳心踏實。然後，意再領氣由後丹田出發上行脊背至右肩、右臂、右手，右手領氣弧形上掤下按切掌與左手之氣交叉相合，

意領氣同時貫注右膝，領右膝提頂，這樣，陰陽二氣左先右後地魚貫輪轉一圈而相合。隨心氣下沈，陰陽二氣即經胸前沈至丹田，並鬆氣下沈至右腳，催右腳墜落震踏，左腳領氣旁開而形成上合下開勢。陰陽二氣雖輪轉運行，其實為中氣貫通，一氣流轉。

動作二：隨即心氣一開，周身鬆開，兩手鬆開，陰陽二氣潺湲地向左右兩旁漫溢，而後在心意右轉纏繞的引領下，意領兩手左下右上順纏旋繞相合的同時，陰陽二氣循兩臂兩腿回旋纏繞而入於骨髓。隨心意左轉斜開，丹田左轉，帶脈左轉圈，身體左轉，胸腹相開，兩手領陰陽二氣出骨縫，通經絡，充於肌膚，貫達指梢而逆纏斜開，落氣至左腳湧泉，領右腳左移，由此形成了陰陽二氣上下斜開的側斜纏絲氣圈。

動作三：心意一合，丹田回環右旋，帶脈右轉圈，領身右轉，胸腹相合，意領陰陽二氣循兩臂順纏旋繞再入於骨髓，兩臂隨勢相合至胸腹前，同時，兩腿換氣換虛實，落氣至右腿、右腳湧泉而踏實，左腳領氣向左開步，形成陰陽二氣上合下開之勢。隨心意一開，丹田左轉，氣沿帶脈左轉圈的同時，胸腹相開，陰陽二氣連綿不斷地向左右兩旁浩然流行，上行兩臂肩、肘、手之經竅並依次節節流淌至指梢，領兩臂左掤展右攦按；同時下行兩腿胯、膝、腳之經竅逐節流瀉至趾梢，形成陰陽二氣左右上下齊開勢。以意行氣沈靜穩重，以氣運身順遂通暢，意到氣到，氣運形隨。太極混元意氣游，神形連綿似水流，從而形成了周身一家、上下相隨、意氣神形合一的混元圈。

19.閃通背

(1)外形螺旋路線：

　　動作一：腰微向左轉，右手左移合到左腹前，手心朝內，鬆腕垂指；左手右移合到右肩前，手心朝右，指尖朝前上方，左臂屈肘環繞於胸前；目視右前方（圖二20①）。

　　腰向右轉，身體右倚，胸腹相開，重心漸漸右移，右腿外旋弓屈逐漸踏實，左腿內旋逐漸伸展。同時，以身領右肩、右肘、右手經左臂內側徐徐地向右上方逆纏劃弧伸展，掤開到右肩前上方，右手高與眉平，手心斜朝右前上方，指尖斜朝左前上方；左手經右臂外側徐徐地向左下方逆纏劃弧下擺至左胯旁，手心朝後下方，指尖朝前下方，兩臂形成斜開弓勢；目視右手方向（圖二20②）。

　　腰再左轉，重心隨勢左換，左腿弓屈踏實，右腳順勢向左收至左腳內側旁，前腳掌虛著地。隨身左轉，右手順纏劃弧下擺至右腹前，左手同時順纏劃弧屈肘上合至右胸前，兩臂抱肩合肘交叉相合。右手心朝左，指尖朝左前下方；左手心朝右上方，指尖朝右前上方。目視前方（圖二20③）。

　　隨心意相開，身肢微伸拔，胸腹漸相開，右手經左前臂內側向右上方逆纏掤展至右肩前上方；左手經右前臂外側向左下方逆纏擺按至左胯外側。右手心朝右上方，指尖斜朝左前上方；左手心朝後下方，指尖朝前下方。目視右手方向（圖二20④）。

　　隨心意一合，身體下沈，上體略傾俯，胸腹相合，重心下降，左腿屈膝下蹲，右腳即朝右前方開步，腳跟先著地；右手順勢向左下方順纏劃弧下落至襠前，左手隨勢向右上方順纏劃弧屈肘合至右肩前，左臂屈肘環繞於胸前，形成下開上合前肩靠勢，右手心朝左下方，指尖斜朝左前下方，左手立掌。目視前方（圖二20⑤）。

　　動作二：腰先微左轉再向右轉，重心即換到右腿，右腿

外旋前弓踏地踩實，左腿伸展後蹬。同時，以身領右手沿後上前下的斜立圓軌跡，自左下方經左前臂外側向右前方逆纏旋繞一大弧，左手經右臂內側向左下方弧形斜擺至左胯側。右手前劈高與肩平，手心朝前下方，指尖朝前上方；左手心朝下，指尖朝左前方，兩臂沈肩墜肘。目視右手方向（圖二20⑥）。

腰微左轉回引，重心後移，左腿由伸變屈踏實，右腿由屈變伸虛蹬，腳尖自然上翹。隨身體後坐，右手放鬆下落至小腹前，手心朝內；左臂同時鬆垂於身體左側，手心朝後，兩手鬆腕垂指。目視右前方（圖二20⑦）。

上勢不停，腰向右轉，重心前移，右腳踏地踩實，腳尖斜朝右前方。同時，以身領右手沿後上前下的立圓路線逆纏環繞一大圈，按落至右胯外側；左手亦沿後上前下的立圓路線逆纏環繞半圈到左胸前方。右手心斜朝後下方，指尖斜朝右前下方；左手心朝前下方，指尖朝前上方，並以身領左腳順勢向左前方上步，腳跟先著地，腳尖朝前；目視左手方向（圖二20⑧）。

動作三：腰微左轉，身體前擁，重心前移，左腿前弓踩實，右腿伸展後蹬。左手順勢劃弧下擺至左胯旁，右手隨勢經右腰側向前上方順纏伸擠穿掌，高與喉平。左手心朝下，指尖朝前；右手心朝上，指尖朝前上方；目視右手方向（圖二20⑨）。

隨心氣放鬆，腰向右轉，身體後坐，重心後移，右腿屈膝坐胯，左腿由實變虛。同時，右手放鬆下落至右胯外側，左手鬆移至右腹前，兩手心皆朝內，鬆腕舒指皆下垂；目視體前（圖二20⑩）。

隨心意左顧折轉，在腰向左撐旋的同時，兩手沿右上左

下的環形路線自體前右下方經上向身體左後方左順右逆地旋繞一大弧，左手向左伸展，高與胸平，手心朝前，指尖朝左上方；右臂屈肘環繞於胸前，右手繞至左胸前，手心朝左，指尖朝左上方。左腳順勢向右前方（東南角）橫擺，腳跟著地，腳尖上翹並裡扣，形成腿手交錯勢，目視體前（圖二20⑪）。

　　動作四：隨心意右盼，腰回旋右轉，身體轉朝西，重心

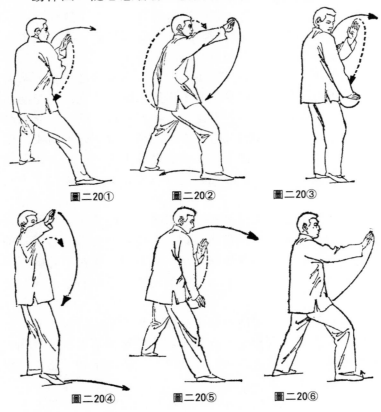

圖二20①　　　　圖二20②　　　　圖二20③

圖二20④　　　　圖二20⑤　　　　圖二20⑥

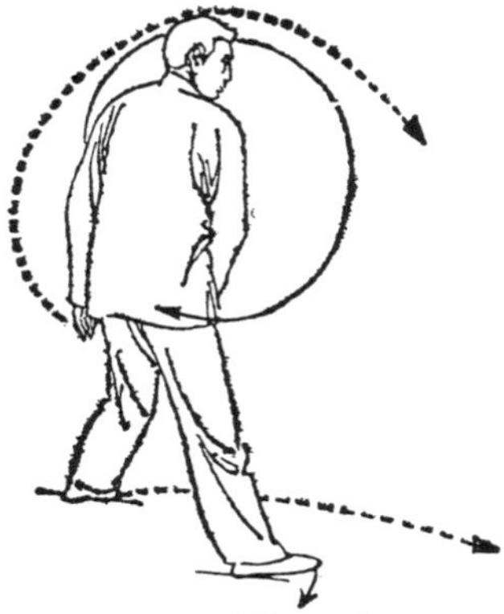

圖二20⑦

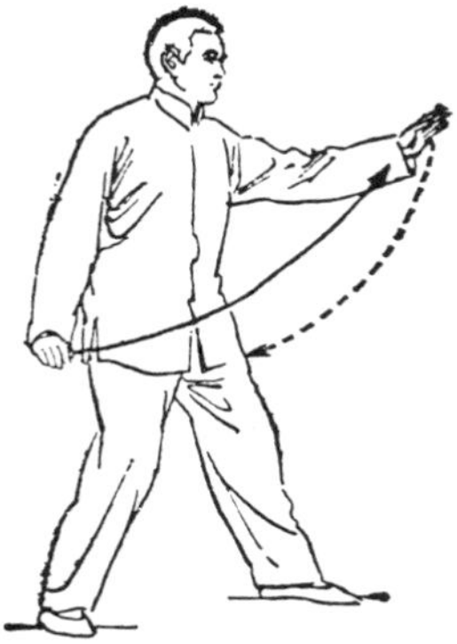

圖二20⑧

圖二20⑨

圖二20⑩

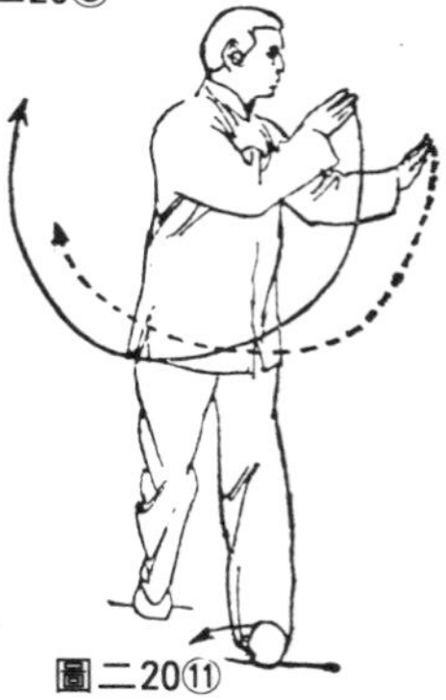

圖二20⑪

圖二20⑫

圖二20⑬

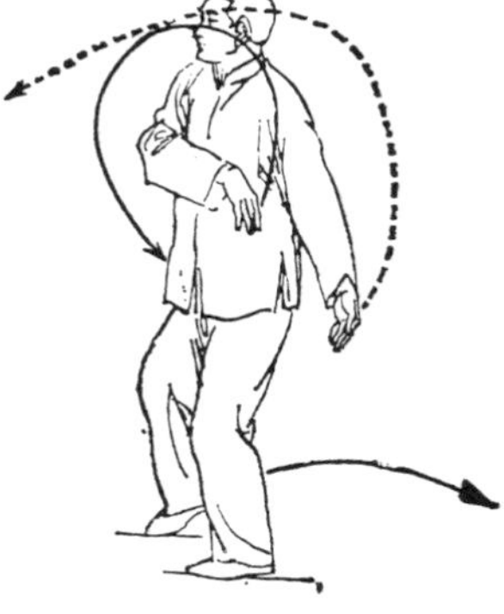

圖二20⑭

圖二20⑮　　　　　　　　　　圖二20附圖

向左腿過渡，左腳順勢內扣漸落地，兩腳尖相對成內八字形
。同時，以身領兩手沿左下弧線經左胯外側向右上方回旋至
體前，左臂屈肘，左手合於右腹前，手心朝右前方，指尖朝
前下方，右臂環於胸前，右手與右肩平，手心朝前，指尖朝
左上方；頭隨身轉，目視前方（圖二20⑫）。

　　上勢不停，右腿以前腳掌為軸順勢外旋，腳跟自然微離
地，腳尖轉朝前，重心即沈坐於左腿（圖二20⑬）。

　　腰微左轉，兩手同時沿前下弧線、左順右逆地旋繞翻掌
下擺至身體左側，左手鬆落至左胯後側，右手鬆蓄至左胸旁
，右臂屈肘環繞於胸前。左手心朝前上方，指尖朝前下方，
右手心朝右前方，鬆腕垂指（圖二20⑭）。

　　身體圓活右轉，右腳向右後方撤步後掃半圈，腳尖斜朝
右前方，重心隨勢略後移，兩腿開胯圓襠屈膝下蹲。隨內身
後掃的同時，以身領兩手沿後上前下的環形路線逆纏翻轉按
落：右手輪轉一大圈翻落至右胯外側；手心朝下，指尖朝右
前方；左手輪轉半圈，翻落至左胸前方，手心朝前下方，指
尖朝前上方；目視前方。此為閃通背定式（圖二20⑮及附圖

）。

　　要點：

　　①動作一中有兩次開合，第一次開合在圖二20②③中，開時上下同開，合時上下齊合，兩手皆沿左上右下的豎圓軌跡各自旋繞一圈；第二次開合在圖二20④⑤中，開時下合上開，合時下開上合，兩手皆沿左後上右前下的斜立圓軌跡各自旋繞一圈，兩次開合都要體現出胸腹開合折疊的變化，以及升降起落的虛實轉換。右腳的左收和上步俱要順遂靈便，上下相隨。

　　②整個閃通背式中，共有三次通背式，動作二中含有兩次，圖二20⑥為劈掌右通背式，圖二20⑦⑧為上步左通背式，兩式皆沿後上前下的立圓路線運動，習練時，要悉心體會這兩個通背圈。所謂通背，指的是沿體後督脈和體前任脈輪轉一周而形成的通背圈，全憑意念引領，意到氣到，意氣神形能合一，久久練習自然通。

　　③圖二20⑨中，左手下攬和右手前穿要同時完成，一上一下勻速對稱，一前一後徐緩相當，一攬一擠，左右相宜，一弓一蹬全憑腰轉。圖二20⑩為欲左先右、欲上先下的鬆蓄勢，身體雖右轉後倚，而心意左顧在先。圖二20⑪形成腿手交錯、相反運行的上下捌勁勢，兩手左切，左腳右掃，腿手並用，相反相成，手到腳到，刻不容緩。

　　④圖二20⑫⑬為倒轉身法，轉身時應圓活無滯，渾然一體，兩手回旋與扣步、轉身密切配合，手到腳到身到。右腿外旋，右腳跟內轉為調整重心，習練時，連貫流暢而不間斷。圖二20⑭為欲前先後、欲右先左的鬆蓄勢，在心意右盼的同時，要顧及腰背、左臂、左胯有翻轉之意。圖二20⑮為閃身撤步通背勢，兩手翻轉與轉身、撤步密切配合，一氣呵成

，其運行路線同樣是後上前下的立圓軌跡。定式時，應沈著穩健，上下相合，前後相照。

(2)意氣運行路線：

動作一：在心意開合的引領下，兩臂逆纏相開，兩腿左伸右屈，陰陽二氣即沿兩臂肩、肘、手和兩腿胯、膝、腳之經竅節節流轉至四梢。兩臂順纏相合，右腳左收，兩腿相合，陰陽二氣即返歸丹田，陰陽二氣即運行一周，形成左上右下的沿豎圓繞轉的開合纏絲圈。兩臂再沿左後上、右前下的斜立圓路線逆纏相開時，意領氣由命門出發，經體後脊背上行至兩肩、兩肘、兩手，下行到兩胯、兩膝、兩腳而貫注至四梢。順纏相合時，意領氣復由指梢返回，經臂內、胸前流轉，隨即下降至丹田，落氣到兩腿、兩腳，右腳開步，而形成斜立圓的開合纏絲氣圈。

動作二：意領內氣復由命門出發，沿體後督脈通背而上，運轉到右肩、右手，領右臂環形向前伸展而氣貫指梢，並經體前任脈順流而下至丹田，形成督上任下的通背氣圈。而後，意領內氣由丹田回蓄到後丹田，身體後坐，右手鬆回。隨即，兩手領氣再由命門出發，循體後督脈通背上行至兩肩兩臂，兩臂右先左後地交替輪轉翻落，右手翻落至右胯側，左手前按，氣貫指梢。同時，意領內氣，沿體前任脈順流而下回到丹田，並領左腳上步，落氣至右腳，形成二次通背氣圈。

動作三：意領內氣由後丹田直貫前丹田、催身前擁的同時，右腿領氣由右腳上行入腹，一股與後丹田匯合循脊背上行，貫注右肩、右肘、右手而向前伸擠穿掌，氣到指梢，左手同時領氣下攦；一股經下丹田換行至左胯、左腿順流而下至左腳湧泉，左腿前弓，右腿後蹬，而形成始於足、主宰於

腰、通於脊、貫於臂、形於手的太極內勁。意領氣復由丹田
回蓄至後丹田，周身勁氣同時潺潺回流至後丹田，身體右轉
後坐，兩手放鬆下垂。隨心意左顧折轉，丹田左轉，內氣由
命門出發上行脊背，穿過前胸而流轉至兩肩、兩臂、兩手，
兩手領氣左順右逆地向左後方環形旋繞而貫注指梢，同時，
內氣下行至左腿，左腳領氣向右擺落。

　　動作四：隨心意回旋右盼，丹田右轉，帶脈右運，內氣
即由指梢返回，循臂內經胸前歸至丹田，同時回身右轉，落
氣至左腳湧泉而踏實，兩手順勢回旋至體前。隨心意向前翻
轉，內氣再由命門出發，循體後督脈通背而上行，沿胸前任
脈降歸丹田的同時，兩手領氣向前翻落，由肩而肘至指梢，
右腳領氣撤步後掃，形成閃身撤步的通背氣圈。

20.擊地捶

⑴外形螺旋路線：

　　動作一：左手邊抓握成拳、邊隨腰右轉向右後上方順纏
引領至右胸前上方，拳心朝右後上方，拳眼朝左前上方。同
時，右手邊向右後方伸移邊抓握成拳，重心隨之後移坐於右
腿，左腿變虛；目視左拳方向（圖二21①）。

　　隨心意前移，腰向左轉，重心前移，左腳踏實，右腳隨
勢跟進向左腳內側旁鬆落震腳。同時，以身領左拳沿右下左
上弧線向左上方逆纏掤展，左拳高與額角平，拳心朝下，拳
眼朝右；右拳經右腰側沈穩地向前平衝，拳心朝左，拳眼朝
上，拳面朝前。目視右拳方向（圖二21②）。

　　動作二：周身放鬆，兩臂同時沿下弧線緩緩地鬆垂至身
體兩側，兩拳鬆落至兩胯旁，兩拳心朝內，拳眼皆朝前；目
視前下方（圖二21③）。

　　腰先右引再左轉，領右拳自右後下方向左前上方順纏劃

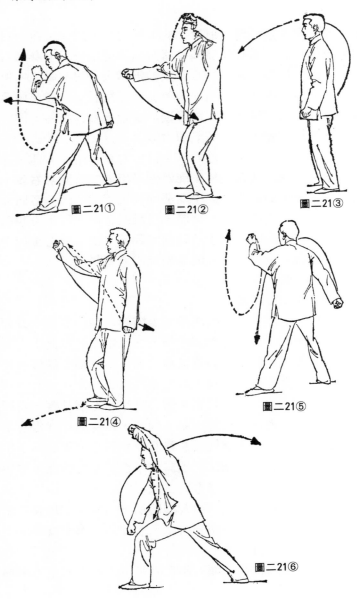

圖二21①　　圖二21②　　圖二21③

圖二21④　　圖二21⑤

圖二21⑥

弧引領，高與額平，拳心朝左後上方，拳眼朝右前上方，右腳暗暗上提；目視前下方（圖二21④）。

右腳微向前落步，腳尖朝右前方。隨即腰向右轉，重心右換，右腿屈膝坐胯下蹲，左腳順勢向前上一大步。同時，右拳向右下方回旋掛引至右胯旁，拳心朝內，拳眼朝前；左拳自左後下方向右前上方繞轉上領，高與眉平，拳心朝右，拳眼朝後上方，目視體前下方（圖二21⑤）。

腰向左轉，上體向前傾俯，重心前移，左腿屈膝前弓坐胯踏實，右腿伸展後蹬。左拳向右下落經胸腹前向左前上方逆纏掤展；左前臂尺骨側朝左上方，拳眼朝下；右拳沿後上前下的立圓路線經右肩上方向體前下方栽拳，拳心朝後，拳眼朝左；目視前下方。此為擊地捶定式（圖二21⑥）。

要點：

①圖二21②為進身跟步的左架右衝拳式，要求身到拳到腳到一齊到，勁整勢穩，一氣呵成。左臂上架形如撥雲見日，右拳前衝恰似開弓放箭。

②圖二21④至⑦，兩拳掄臂左右掛繞皆護著體前中線而交替運行，並與左右進步配合好，形成上引下進的擊地捶。定式中，左臂掤展上架，雖上舉仍要鬆肩沈肘，並與左腿有相合之意，才能左右平準。左膝前弓不過腳尖，頭前頂也不過腳尖，才能中正不偏。自頂而身而腿形成一斜直線，不凹不凸，腦後二大筋自然豎正領起，則中氣一線貫穿，斜中自然寓正。

⑵意氣運行路線：

動作一：隨丹田右轉，身體右轉後坐，兩手抓氣漸握成拳，內氣蓄於後丹田、並入於骨髓。而後，意領氣由後丹田向前直貫丹田，催身前擁，兩拳領氣左上架、右前衝，內氣

出於骨縫、充於肌膚、貫於左前臂尺骨側和右拳面，意到氣到勁到，落氣至左腳，鬆氣至右腳。

動作二：隨心氣一鬆，兩臂之氣即鬆回到丹田，兩臂鬆垂於體側。在心意繞轉的引領下，丹田左旋右轉，內氣渾然流轉，陰陽二氣沿兩臂右前左後、左上右下地交替旋繞，右拳領氣沿後上前下路線輪轉二周而栽拳下擊，氣貫拳面，左拳領氣左上右下地輪轉一周半而向左上方掤展，氣貫左前臂尺骨側，兩腿領氣交替前進，落氣至左腳湧泉，陰陽二氣交替運行，中氣得以貫通。

21.平心捶

(1)外形螺旋路線：

動作一：隨眼神心意右盼，回身右轉後倚，右拳拳背領勁，沿前上後下的立圓軌跡從容地向右後上方划一大弧，拳背朝後下方，拳心朝前上方。同時，胸腹相開，重心後坐，右腿外旋弓屈踏實，左腿內旋由實變虛，左臂順勢放鬆垂於身體左側；頭隨身轉，兩目右盼（圖二.22①）。

腰向左轉，上體略向左傾俯，胸腹相合，重心前移至左腿，左腿屈膝前弓踏地踩實，右腿由實變虛，略向左後方移步，右腳與左腳對齊。同時以身領右拳沿後下弧線緩緩地向左前下方鬆引至左胯內側，拳心朝後，拳眼朝左；左拳順纏屈肘繞轉至右胸前，置於右臂上方，拳心朝右，拳眼朝上；兩目右盼（圖二.22②及附圖）。

身體右轉，胸腹相開，重心右移，右腿外旋弓屈踏實，左腿內旋伸展下蹬；同時右臂屈肘向右側（朝東）沈著地平擠衝頂，肘尖高與肩平，右拳拉至右胸前，拳心朝下，拳眼朝內；左拳經右前臂外側向左後下方逆纏伸穿，拳心朝後，拳眼朝右下方。目視右肘方向（圖二.22③及附圖）。

動作二：周身放鬆，腰微左轉，重心略左移，右臂向左下方鬆引。然後，回身右轉面朝東，右腳尖外撇，重心移至右腳。同時右拳背領勁，沿左上右下的環形路線，自左下方經上向右下方旋繞一大圈，再逆纏鬆落至左腹前，拳心朝下，拳眼朝裡。同時左腳倒轉上步落於右腳左側旁，腳尖斜朝左前方，隨即由虛變實，重心落於左腿；右腿由實變虛順勢外旋，腳跟內展微離地，腳尖朝前。左拳隨轉體順纏劃弧上領至左肩前上方，拳心朝右，拳眼斜朝後上方；目視前方（圖二22④及附圖）。

上勢不停，右拳經左前臂內側沿左上、右下的圓弧向右下方翻轉落至右胯外側，拳背朝下，拳心朝左上方，拳眼朝右；左拳同時沿右下、左上弧線繞至頭左上方，拳心朝右，拳眼朝後上方。隨即，右腿屈膝上提搠頂，膝與腰平，小腿鬆垂；目視前方（圖二22⑤及附圖）。

動作三：稍頃，心氣一鬆，胸腹相合，兩臂逆纏鬆落至體側，兩拳心朝後，拳眼皆朝內（圖22⑥及附圖）。隨心氣一開，胸腹相開，兩臂順纏翻展相開，兩拳心朝前上，拳眼皆朝後外；目視前方（圖22⑦及附圖）。

心氣下沈，右腳向下鬆落震腳，腳尖斜朝右前方，重心即右換，右腿屈膝下蹲，左腳向左前方（東北角）開一步，腳尖朝前。同時，兩臂逆纏交叉相合於胸腹前，左臂在上，右臂在下，兩拳心斜朝下，左拳眼朝右後方，右拳眼朝左後方；目視前下方（圖二22⑧）。

周身再放鬆，腰微右轉，兩拳向體側弧形鬆開，高與腰平，拳心皆朝下（圖二22⑨）。隨即，腰微左轉，重心略左移，兩臂屈肘同時環繞於胸前，右拳心朝前，拳眼朝下，右肘尖斜朝右上方；左臂在下，左拳鬆開成陽八字手，手心朝

圖二22①

圖二22②

圖二22②附圖

圖二22③

圖二22③附圖

圖二22④

圖二22④附圖

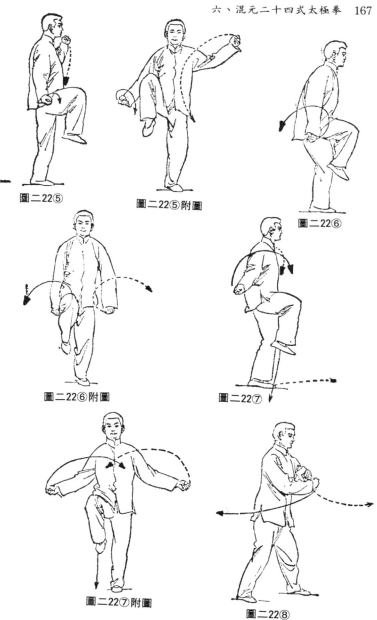

圖二22⑤　　　　　圖二22⑤附圖　　　　　圖二22⑥

圖二22⑥附圖　　　　　圖二22⑦

圖二22⑦附圖　　　　　圖二22⑧

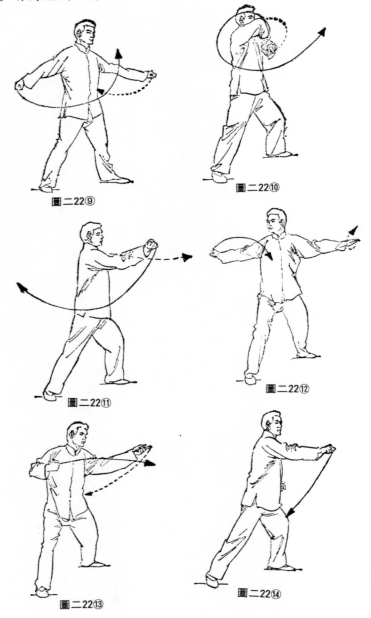

圖二22⑨

圖二22⑩

圖二22⑪

圖二22⑫

圖二22⑬

圖二22⑭

下，食指指向右下方；目視前方（圖二22⑩）。

　　腰先微右轉，重心略右移，兩臂以肘為軸自右向左盤旋相開，右拳先向右後方繞轉至右肩上方，左手同肘向左前方旋伸。腰再微左轉，重心略左移，右拳隨勢順纏繞轉至右肩前方，拳心朝上，拳眼朝右；左手同時順纏回旋至左肩上方而成陽八字手，手心朝前上，食指尖朝左後上方；目視體前方（圖22二⑪）。

　　隨心氣一鬆，身體圓活地右旋，兩臂同時沿下弧線向左前右後逆纏鬆展，左手心朝前下方，指尖朝前；右拳心朝下，拳眼朝右。重心隨勢右移，右腿外旋，左腿內旋；頭隨身轉，兩目右盼（圖二22⑫）。

　　隨即，右臂順纏屈肘收卷至右胸旁，拳心斜朝後上方，拳眼斜朝前上方；左手順纏、墜肘、成陰八字手，手心朝上，食指朝前；目視左手方向（圖二22⑬）。

　　腰向左轉，重心左移，左腿外旋踩實，右腿內旋蹬展。右拳領勁，隨身左轉沈穩地向前逆纏衝拳，高與胸平，拳面朝前，拳心朝下；同時，左臂屈肘，以肘領勁、向左後方逆纏衝頂，左手拉至腹左側，肘尖不過背，左手心貼腹，食指尖朝前下方，目視右拳方向。此為平心捶定式（圖22⑭）。

　　要點：

　　①圖二22①②，右拳沿豎圓軌跡的左上右下路線繞轉一周，身體隨之後倚並向左前方傾俯，胸腹隨之開合折疊運化，重心亦隨之右移左換，形成一個整體的豎圓纏絲圈。圖二22①右拳背領勁向右後開展打反背拳，圖二22②兩臂抱肩合肘交叉合於胸腹前時，與腰臀背渾圓裹合，形成前合後開、上合下開的周身蓄合勢。圖二22③為右轉平心肘，勁點在右肘和左拳，兩臂相開時，兩肩、兩肘、兩拳勻速對稱，依次

相開，並上下相隨，肩胯、肘膝，拳足上下相合地同時開展，右肘尖、右膝尖，右腳尖三尖相對，形成周身一家、左右平準，前後照應、屈伸相宜的對開勢。

②圖二22④為回身倒轉步法，回身、倒轉落步與兩拳繞轉須連貫流暢，一氣呵成。圖二22⑤為左腿獨立、右膝提頂、兩臂海底翻花式，拳到膝到同時到，腿手併使不遲緩，兩臂掤圓如抱滿月，兩拳心遙遙相對。

③圖二22⑥為前合後開的雙逆纏絲雙卷肱的蓄合式，兩肩邊卷合邊沈塌，兩肘相合，兩拳相合。圖二22⑦為前開後合的雙順纏絲雙翻轉的彈抖式，二式皆隨胸腹開合折疊而卷蓄翻展，不要單純追求兩臂的彈抖勁。圖二22⑧為上合下開式，兩肩塌下與兩胯相合，兩肘鬆下與兩膝相合，兩拳沈下與兩腳相合。圖二22⑫形成兩臂分游鬆開式，要細心揣摩「鬆游」的意境和整體協調性。圖二22⑬中眼神與左手、右拳前後相對，三點連成一線，平心而指。發平心捶時，兩腿開胯襠圓活，兩膝撐鑽勢相合，兩腳踩蹬向下鑽，全憑腰胯鬆活轉。左臂螺旋掛肘為即纏即引，右臂螺旋衝拳為即纏即進，而又全憑周身一家的螺旋纏絲，形成始於足、主宰於腰、形於拳的完整一氣的太極纏絲內勁。

⑵意氣運行路線：

動作一：隨心意回身右盼，內氣由丹田出發，經體前任脈上行，穿過右腋通於右臂內側至拳心勞宮，氣貫拳背打反背拳，然後再領氣由拳背外勞宮循右臂外側回流至肩，沿體後督脈下行至命門進入丹田，左拳領氣亦順纏回流合於丹田，周身之氣皆蓄合於丹田，貫注於脊背，入於骨髓，兩臂順勢相合於胸腹前。隨心意相開，丹田右轉，內氣由後丹田出發，經脊背貫達於右肩、右肘，右肘領氣衝頂，同時分行左

肩、左臂至左拳，左拳領氣伸穿，氣貫拳面，由此形成左上右下、豎圓旋繞，蓄而後發的纏絲氣圈。

動作二：眼神心意再右盼引領，丹田右轉，內氣由丹田出發再經體前任脈上行、穿過兩腋通於兩臂，兩拳領氣環形旋繞翻轉，左上右下地合於胸腹前，同時，氣沿帶脈右轉圈領身回旋右轉，領左腳倒轉上步，落氣至左腳而變實，內氣即由體後督脈下行入命門歸於丹田。然後，意領氣再由丹田出發，經體前任脈和左衝脈上行，穿過兩腋通於兩臂、兩拳領氣沿左上右下的豎圓軌跡繞轉翻落，同時氣貫右膝上提撐頂，形成海底翻花的混元氣圈，內氣即經體右衝脈和體後督脈下行歸於丹田。

動作三：然後，心氣放鬆、胸腹相合。內氣蓄於丹田，隨兩臂逆纏卷合，斂氣入骨，氣貼脊背。隨即，心氣一開，胸腹相開，內氣鼓蕩相開，隨兩臂順纏翻展，內氣出於骨縫，通於經絡，充於肌膚、而形成纏絲彈抖勁。心氣下沈，右腳領氣下落震腳，左腳領氣旁開，兩拳領氣交叉相合於胸腹前，周身之氣即沈歸於丹田。隨心氣一鬆，丹田右轉，內氣漸漸向四旁散發，經丹竅而充於周身，兩臂隨之鬆開，在心意磨盤纏繞的引領下，丹田左右旋繞，胸腹開合折疊，兩拳領氣磨盤開合，兩腿領氣內纏外繞，內氣即在周身內外上下四旁同時盤曲旋繞而形成磨盤纏絲的混元圈。心氣再鬆開，丹田右轉，內氣由外而內地鬆回到丹田的同時，左手領氣向左前方游伸至指梢，右拳領氣向右後方游展至拳面。然後再順纏返回蓄至左手心和右拳心勞宮，右臂隨之屈肘卷收至右胸前。隨心氣左顧前發，丹田左轉，氣沿帶脈左轉圈領身左轉時，內氣出命門，上行脊背，一股由夾脊穴直貫胸前膻中穴，一股分行兩肩、兩臂，右拳領氣向前逆纏伸衝而貫注拳

面，左肘領氣向左後方逆纏回掛而貫注肘尖。同時，內氣下行至左腿，落氣至左腳，右腳領氣上行入腹，形成左弓右蹬的螺旋對拉的混元氣圈。定式時，內氣歸於丹田。

22.煞腰壓肘

(1)**外形螺旋路線**：腰微左轉，周身放鬆，右拳緩緩地鬆垂至左胯前，拳心朝右後方，拳眼斜朝左；目視右前方（圖二23①）。

隨即，右拳背領勁，沿豎圓軌跡的左上弧線向身體右後

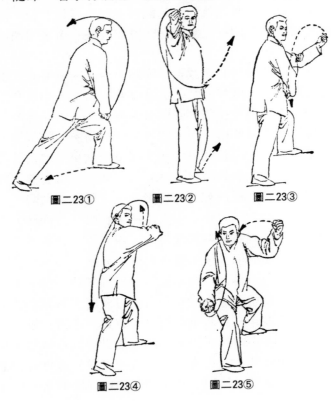

圖二23①　　圖二23②　　圖二23③

圖二23④　　圖二23⑤

上方順纏引領，高與額平，拳背朝右下方，拳眼朝後，重心同時右移，右腿踏實，左腿變虛，左腳順勢向右腳左側跟步，前腳掌虛著地，左臂鬆垂於身體左側；頭自然右轉，兩目右盼（圖二23②）。

隨心氣下沉，重心下降，右腿屈膝坐胯下蹲，左腳內側貼地向左方（朝北）撤一大步，然後，腰向左轉，重心左換，左腿漸漸弓屈踏實，右腿由實變虛漸漸伸展。同時以身領右拳，沿豎圓軌跡的右下弧線緩緩地向左下方逆纏旋引至左胯前，拳心朝內，拳眼朝左；左手漸握拳，自左上方順纏屈肘繞轉至胸前，拳心朝右，拳眼朝上，目視右下方（圖二23③）。

上勢不停，右臂經左臂內側屈肘鬆抬至左胸前，肘尖斜朝右前方，拳心朝下，拳眼朝內，左拳經右前臂外側沉落至左胯外側，拳心朝後，拳眼朝右；兩目右盼（圖二23④）。

隨即，腰向右下擰轉，上體向右前傾俯，胸腹相合，重心偏於左腿，左腿暗暗內旋，右腿隱隱外旋，兩腿開胯圓襠屈膝下蹲。同時，右臂以肘領勁，向右後下方環掛至右胯外側，右拳旋繞至右膝外側，拳背朝下，拳心朝左上方，拳眼朝右上方；左拳隨轉體向左前上方繞轉至頭部左上方，拳心朝右，拳眼朝上。頭隨身轉面朝南，目視右下方，形成煞腰壓肘定式（圖二23⑤）。

要點：圖二23①為欲上先下、欲右先左的引轉鬆蓄式。圖二23②中，右拳引領、重心右移、左腳右收須協調一致、同時運動。煞腰壓肘定式時，腰鬆開掤圓，脊背伸拔裏圓，臀部微翻，配合上體前俯，胸腹相合、身體下沉而形成前合後開、前俯後翻的煞腰式。兩腳有向下擰鑽之意，使下盤穩固，落地生根。兩臂掤圓，拳心斜相對，兩肩相合，兩肘相

合，兩拳相合，右臂與右腿相合，左臂與左腿相合，頂勁領好，襠勁下好，腦後二大筋領起則中氣自然貫通。中正不偏，周身協調，左右平準，上虛下實，轉換全在腰胯。

(2)**意氣運行路線**：隨心氣一鬆，丹田微左轉，周身之氣皆鬆蓄於丹田，右臂鬆垂。隨心意右盼，右拳向右上方引領時，意領氣由丹田出發，經體前任脈上行至右腋，通於右臂內側，達於右拳勞宮，氣貫拳背，同時落氣至右腿、右腳到湧泉，左腳領氣隨勢收回。然後，心氣左轉下沈，左腳領氣向左開步，落氣至左腳湧泉。同時，意領氣由右臂外側回流，經體後督脈下行，入命門歸丹田，兩臂即相合於胸腹前。隨心意右盼折轉，意領氣由命門出發，經體後督脈上行至兩肩、兩肘的同時，丹田右轉，氣沿帶脈回環右轉一圈到丹田，催身右轉前俯，右肘領氣向右下方掛壓，左拳領氣向左上方掤頂，兩腳領氣同時向下擰旋，形成沿左後上、右前下運行的煞腰壓肘混元圈。

23.當頭炮

(1)**外形螺旋路線**：

心氣上鬆，兩拳領身緩緩地向右上方鬆領，兩拳領至兩額角前方，拳心皆朝前下方，拳眼斜相對，重心上升右移，右腿屈膝前弓，逐漸踏實，左腿由實變虛逐漸伸展；目視右前方（朝南）（圖二24①）。

腰向左轉，重心後移，左腿屈膝坐胯踏實，右腿由實變虛收到左腳前。同時，以身領兩拳沿豎圓軌跡的前下弧線左順右逆地鬆落到身體左側下方，右拳落到左胯前，拳心朝裡，拳眼朝左；左拳落到左胯後側，拳心朝前，拳眼朝左；兩目右盼（圖二24②）。

隨心意右盼翻轉，身體向右翻轉。同時，以身領兩拳沿

左後上、右前下的環形路線翻轉一大圈落至身體右下方，右拳順纏落於右胯旁，拳心朝前上方，拳眼朝右；左拳逆纏落於小腹前，拳心朝裡，拳眼朝右後上方。同時，右腿屈膝順勢上提，再隨身體右轉鬆落至左腳內側旁，腳尖外撇，重心即右換，右腳變實；左腳變虛，順勢內旋，腳跟外展微離地，腳尖朝前；目視前下方（圖二24③）。

　　隨即，心氣前湧，左腳前上一步，重心前移，左腿前弓踏實，右腿伸展後蹬。同時，兩拳領勁自下而上地向前衝拳，

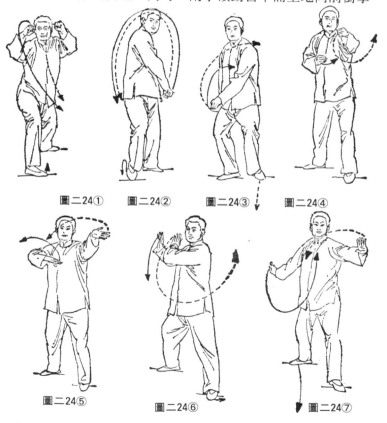

圖二24①　　圖二24②　　圖二24③　　圖二24④

圖二24⑤　　圖二24⑥　　圖二24⑦

圖二24⑧

圖二24⑨

圖二24⑩

圖二24⑪

圖二24⑫

圖二24⑬

圖二24⑭

圖二24⑮

左拳在左肩前方，右拳在右胸前，左拳心朝後，右拳心朝左
，拳眼皆朝上；目視前方。此為當頭炮定式（圖二24④）。

　　要點：

　　①圖二24①②，兩拳沿左上右下的豎圓軌跡在身體左側
運轉一圈。圖二24③為右翻身式，兩拳掄臂翻轉與身體翻轉
及右腳的提落須整體協調，同時完成，以拳領身，以身帶臂
，周身一家，渾然一體。兩拳前衝時，先在身體右側自下經
右而上地立圓繞轉再衝拳，兩拳前後對應，以中線為界護住
體前。左膝前弓不過腳尖，右拳伸而不直。拳到腳到身體到
，左弓右蹬身前湧，雙拳齊發如放箭，左伸右屈勢相連。目
視前方時要照顧四旁。

　　⑵意氣運行路線：

　　隨心氣鬆引上領，兩拳領身向前上鬆領的同時，意領氣
由丹田出發，經體內和體後督脈上行至兩肩，沿兩臂外側上
行至兩拳面，左腳領氣同時上行入腹，並落氣至右腳湧泉。
心氣下沉，意領兩拳鬆回、身體左轉後倚的同時，領氣由兩
拳沿兩臂內側返流而下至胸腹，歸於丹田。隨心意右盼翻轉
，丹田右轉，氣沿體後督脈和體側左衝脈上行至兩肩兩臂，
兩拳即領氣自左下向前向右下旋繞翻轉，並領身右翻，右腿
上提下落，內氣即經體前任脈和體側右衝脈下行歸至丹田，
落氣至右腳心湧泉。隨心氣前湧，內氣由後丹田直貫丹田，
催身前擁，左腳上步前弓，右腳後蹬，領氣上行入腹貫於脊
背。同時，兩拳領氣自下而上地立圓旋繞，意領氣由脊背上
行，貫達兩肩兩臂，隨兩拳前衝而貫注於拳面，落氣至左腳
心湧泉。意到氣到，氣到勁自然到。

24.收　式

　　身微右轉，兩拳鬆開成掌，隨身體右轉，雙手左順右逆

地向右後方攦引，左手攦至肩前，手心朝後，指尖朝上，左臂屈肘環繞於胸前；右手向右後方伸引，高與肩平，手心朝右後方，指尖朝右上方。重心隨勢後移，右腿弓屈踏實，左腿伸展虛蹬；目視前方（圖二24⑤⑥）。

身體左轉，右腿外旋，左腳尖外撇；右腿內旋，右腳微撐轉。左手經胸腹前弧形下攦，再向左前方逆纏伸展，手心朝左前方，指尖朝右前上方，右手同時向右後方沈落，高與腰平，手心朝右後下方，指尖朝右後上方；目視前方（圖二24⑦）。

重心隨即前移，左腿前弓踏實，右腳向前上步落於左腳右前側，腳尖朝右前方。以身領右手經右胯外側向前順纏劃弧上領，高與胸平，手心朝上，指尖朝前；左手屈肘回繞落於右臂彎上方，手心朝下，指尖朝右，左臂環繞於胸前；目視前下方（圖二24⑧）。

上勢不停，左手順纏翻落至腹前，右手自上而下地向裡回環鬆落至腹前，落於左手心上方，兩手疊合，手心皆朝上，右手指朝左，左手指朝右。同時，右腳鬆虛地收回到左腳旁；目視前下方（圖二24⑨）；

兩手繼續沿下弧線向體側兩旁分開，手心朝前上（圖二24⑩⑪）。再沿上弧線由體側兩旁上行至頭頂上方，手心相對，指尖朝上（圖二24⑫）。然後，自頭頂上方經臉前沿體前中線下降至胸前，手心朝下，指尖相對，同時重心微下降，屈膝微下蹲（圖二24⑬）。兩手繼續下行至腹前再分開按落至兩胯旁，手心朝下，指尖皆斜朝前外側，重心繼續下降，鬆膝下坐，屈膝下蹲，踏地踩實（圖二24⑭）。最後，心氣放鬆，周身放鬆，兩臂放鬆垂於體側，兩手放鬆，指尖下垂，手心朝內，兩腿放鬆漸漸伸展，兩目平視，脊柱豎直，

平心靜氣，復歸無極（圖二24⑮）。

要點：

①圖二24⑤，兩拳鬆開時，左手心朝上成陰掌，右手心朝下為陽掌。圖二24⑥左腳在前，兩手後攞又形成腿手交錯之勢。圖二24⑨為合太極式，兩肩沈下與兩胯相合，兩肘墜下與兩膝相合，兩手鬆下與兩腳相合，上虛下實，塌腰斂臀，脊柱豎直，周身鬆沈，氣定神閒立天地，周身虛靈合太極，呈太極太和之景象。

②圖二24⑩至⑮為降氣收功式。一趟拳練下來，在身體四周會產生一定的氣場，應收回到丹田來，以達到養氣養身的目的。降氣收功一般做三次，即每一遍拳結束後做三次。收功很重要，習練者若能平心靜氣、專心致志地進行收功的練習，則能收到事半功倍的效果。神返身中氣自回，周身混元無極歸，練而不收枉費功，動而復靜見天真。

(2)意氣運行路線：

隨心意右盼回旋，丹田右轉，氣由前丹田沿帶脈右轉回到後丹田，領身右轉後倚。同時，左臂之氣順纏回流至腋下，右臂之氣逆纏回流至肩井，兩手隨之向右攞引，左腳之氣亦回流上行入腹，再落氣至右腳湧泉。然後，丹田左轉，氣沿帶脈左轉圈的同時，領身左轉前擁，左腿外旋領氣下行至左腳湧泉而踏實，右腳領氣前上一步，左手下攞並向左前方伸展時，意領氣由腋下經右臂逆纏下行至勞宮至指梢，右臂之氣由肩順纏流瀉至右手勞宮，右手領氣向前上划弧引領，並與左手之氣交叉相合於胸腹前。隨丹田立圓轉圈，右手領氣回環下落，左手領氣亦下落，兩手陰陽二氣相合，內外勞宮相通，周身之氣同時沈於丹田，而成一片太極太和之景象。

隨心氣下沈，內氣由中丹田降於下丹田，並通過兩腿下行至兩腳湧泉。隨即，兩手引氣上行，內氣由湧泉上行入會陰、出命門、循體後督脈上行至百會。兩手再攬氣下降，與內氣合為一股，經上丹田沿體內中氣線和體前任脈下降至丹田，形成清氣上升、濁氣下降、周天運行、攬氣回身的降氣收功圈。如此反覆收三次，天地陰陽氣與體內陰陽氣合一，混融相抱，聚於丹田，愈聚愈滿，氣滿丹田充實，養身有所依，即氣滿而精足，精足則神旺，神旺而形全，形全則不危，故能長壽。

混元二十四式太極拳運動路線示意圖

說　明

1.本套路動作是在一條路線上往返運行，因動作名稱無法重疊而展開成平面圖。

2.方框中動作名稱的字面朝向即是該式動作的面對方向。

3.兩個以上的方框相連時，表示這幾個動作在原地進行，後式在前式的基礎上稍有移動時，用 ┌─┐ 標示，拳式的行進方向用箭頭標示。

4.此圖的方向為上北、下南、右東、左西。

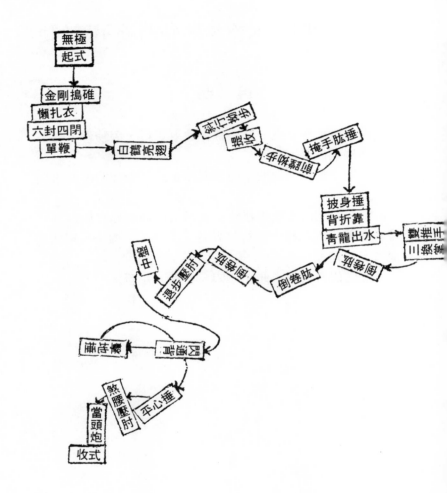

大展出版社有限公司
品冠文化出版社

圖書目錄

地址：台北市北投區(石牌)
致遠一路二段 12 巷 1 號
郵撥：01669551＜大展＞
　　　19346241＜品冠＞

電話：(02) 28236031
　　　　28236033
　　　　28233123
傳真：(02) 28272069

・熱門新知・ 品冠編號 67

1.	圖解基因與 DNA	（精）	中原英臣主編	230 元
2.	圖解人體的神奇	（精）	米山公啟主編	230 元
3.	圖解腦與心的構造	（精）	永田和哉主編	230 元
4.	圖解科學的神奇	（精）	鳥海光弘主編	230 元
5.	圖解數學的神奇	（精）	柳谷晃著	250 元
6.	圖解基因操作	（精）	海老原充主編	230 元
7.	圖解後基因組	（精）	才園哲人著	230 元
8.	圖解再生醫療的構造與未來		才園哲人著	230 元
9.	圖解保護身體的免疫構造		才園哲人著	230 元
10.	90 分鐘了解尖端技術的結構		志村幸雄著	280 元

・名人選輯・ 品冠編號 671

1.	佛洛伊德	傅陽主編	200 元
2.	莎士比亞	傅陽主編	200 元
3.	蘇格拉底	傅陽主編	200 元
4.	盧梭	傅陽主編	200 元

・圍棋輕鬆學・ 品冠編號 68

1.	圍棋六日通	李曉佳編著	160 元
2.	布局的對策	吳玉林等編著	250 元
3.	定石的運用	吳玉林等編著	280 元
4.	死活的要點	吳玉林等編著	250 元

・象棋輕鬆學・ 品冠編號 69

1.	象棋開局精要	方長勤審校	280 元
2.	象棋中局薈萃	言穆江著	280 元

・生活廣場・ 品冠編號 61

1.	366 天誕生星	李芳黛譯	280 元

・女醫師系列・品冠編號 62

・傳統民俗療法・品冠編號 63

14. 神奇新穴療法		吳德華編著	200 元
15. 神奇小針刀療法		韋丹主編	200 元

・常見病藥膳調養叢書・品冠編號 631

1. 脂肪肝四季飲食	蕭守貴著	200 元
2. 高血壓四季飲食	秦玖剛著	200 元
3. 慢性腎炎四季飲食	魏從強著	200 元
4. 高脂血症四季飲食	薛輝著	200 元
5. 慢性胃炎四季飲食	馬秉祥著	200 元
6. 糖尿病四季飲食	王耀獻著	200 元
7. 癌症四季飲食	李忠著	200 元
8. 痛風四季飲食	魯焰主編	200 元
9. 肝炎四季飲食	王虹等著	200 元
10. 肥胖症四季飲食	李偉等著	200 元
11. 膽囊炎、膽石症四季飲食	謝春娥著	200 元

・彩色圖解保健・品冠編號 64

1. 瘦身	主婦之友社	300 元
2. 腰痛	主婦之友社	300 元
3. 肩膀痠痛	主婦之友社	300 元
4. 腰、膝、腳的疼痛	主婦之友社	300 元
5. 壓力、精神疲勞	主婦之友社	300 元
6. 眼睛疲勞、視力減退	主婦之友社	300 元

・休閒保健叢書・品冠編號 641

1. 瘦身保健按摩術	聞慶漢主編	200 元
2. 顏面美容保健按摩術	聞慶漢主編	200 元
3. 足部保健按摩術	聞慶漢主編	200 元
4. 養生保健按摩術	聞慶漢主編	280 元

・心 想 事 成・品冠編號 65

1. 魔法愛情點心	結城莫拉著	120 元
2. 可愛手工飾品	結城莫拉著	120 元
3. 可愛打扮 & 髮型	結城莫拉著	120 元
4. 撲克牌算命	結城莫拉著	120 元

・少 年 偵 探・品冠編號 66

1. 怪盜二十面相	（精）	江戶川亂步著	特價 189 元
2. 少年偵探團	（精）	江戶川亂步著	特價 189 元

·武 術 特 輯· 大展編號 10

・彩色圖解太極武術・ 大展編號 102

14. 精簡陳式太極拳 8 式、16 式 　黃康輝編著　220 元
15. 精簡吳式太極拳＜36 式拳架・推手＞　柳恩久主編　220 元
16. 夕陽美功夫扇 　李德印著　220 元
17. 綜合 48 式太極拳＋VCD 　竺玉明編著　350 元
18. 32 式太極拳（四段） 　宗維潔演示　220 元
19. 楊氏 37 式太極拳＋VCD 　趙幼斌著　350 元
20. 楊氏 51 式太極劍＋VCD 　趙幼斌著　350 元

・國際武術競賽套路・大展編號 103

1. 長拳 　李巧玲執筆　220 元
2. 劍術 　程慧琨執筆　220 元
3. 刀術 　劉同為執筆　220 元
4. 槍術 　張躍寧執筆　220 元
5. 棍術 　殷玉柱執筆　220 元

・簡化太極拳・大展編號 104

1. 陳式太極拳十三式 　陳正雷編著　200 元
2. 楊式太極拳十三式 　楊振鐸編著　200 元
3. 吳式太極拳十三式 　李秉慈編著　200 元
4. 武式太極拳十三式 　喬松茂編著　200 元
5. 孫式太極拳十三式 　孫劍雲編著　200 元
6. 趙堡太極拳十三式 　王海洲編著　200 元

・導引養生功・大展編號 105

1. 疏筋壯骨功＋VCD 　張廣德著　350 元
2. 導引保建功＋VCD 　張廣德著　350 元
3. 頤身九段錦＋VCD 　張廣德著　350 元
4. 九九還童功＋VCD 　張廣德著　350 元
5. 舒心平血功＋VCD 　張廣德著　350 元
6. 益氣養肺功＋VCD 　張廣德著　350 元
7. 養生太極扇＋VCD 　張廣德著　350 元
8. 養生太極棒＋VCD 　張廣德著　350 元
9. 導引養生形體詩韻＋VCD 　張廣德著　350 元
10. 四十九式經絡動功＋VCD 　張廣德著　350 元

・中國當代太極拳名家名著・大展編號 106

1. 李德印太極拳規範教程 　李德印著　550 元
2. 王培生吳式太極拳詮真 　王培生著　500 元
3. 喬松茂武式太極拳詮真 　喬松茂著　450 元
4. 孫劍雲孫式太極拳詮真 　孫劍雲著　350 元

5.	實用擒拿法	韓建中著	220 元
6.	擒拿反擒拿 88 法	韓建中著	250 元
7.	武當秘門技擊術入門篇	高翔著	250 元
8.	武當秘門技擊術絕技篇	高翔著	250 元
9.	太極拳實用技擊法	武世俊著	220 元
10.	奪凶器基本技法	韓建中著	220 元
11.	峨眉拳實用技擊法	吳信良著	300 元
12.	武當拳法實用制敵術	賀春林主編	300 元
13.	詠春拳速成搏擊術訓練	魏峰編著	280 元
14.	詠春拳高級格鬥訓練	魏峰編著	280 元
15.	心意六合拳發力與技擊	王安寶編著	220 元

・中國武術規定套路・大展編號 113

1.	螳螂拳	中國武術系列	300 元
2.	劈掛拳	規定套路編寫組	300 元
3.	八極拳	國家體育總局	250 元
4.	木蘭拳	國家體育總局	230 元

・中華傳統武術・大展編號 114

1.	中華古今兵械圖考	裴錫榮主編	280 元
2.	武當劍	陳湘陵編著	200 元
3.	梁派八卦掌（老八掌）	李子鳴遺著	220 元
4.	少林 72 藝與武當 36 功	裴錫榮主編	230 元
5.	三十六把擒拿	佐藤金兵衛主編	200 元
6.	武當太極拳與盤手 20 法	裴錫榮主編	220 元
7.	錦八手拳學	楊永著	280 元
8.	自然門功夫精義	陳懷信編著	500 元
9.	八極拳珍傳	王世泉著	330 元
10.	通臂二十四勢	郭瑞祥主編	280 元
11.	六路真跡武當劍藝	王恩盛著	230 元

・少 林 功 夫・大展編號 115

1.	少林打擂秘訣	德虔、素法編著	300 元
2.	少林三大名拳 炮拳、大洪拳、六合拳	門惠豐等著	200 元
3.	少林三絕 氣功、點穴、擒拿	德虔編著	300 元
4.	少林怪兵器秘傳	素法等著	250 元
5.	少林護身暗器秘傳	素法等著	220 元
6.	少林金剛硬氣功	楊維編著	250 元
7.	少林棍法大全	德虔、素法編著	250 元
8.	少林看家拳	德虔、素法編著	250 元
9.	少林正宗七十二藝	德虔、素法編著	280 元

國家圖書館出版品預行編目資料

陳式太極拳入門 / 馮志強編著
－初版－臺北市：大展，1994【民 83】
面；21 公分－（武術特輯；1）
ISBN 978-957-557-465-9（平裝）

1. 太極拳

528.972　　　　　　　　　　　　83008101

陳式太極拳入門

ISBN:978-957-557-465-9

編 著 者／馮　志　強
發 行 人／蔡　森　明
出 版 者／大展出版社有限公司
社　　　址／台北市北投區（石牌）致遠一路 2 段 12 巷 1 號
電　　　話／(02) 28236031・28236033・28233123
傳　　　真／(02) 28272069
郵政劃撥／01669551
網　　　址／www.dah-jaan.com.tw
E-mail／service@dah-jaan.com.tw
登 記 證／局版臺業字第 2171 號
承 印 者／國順文具印刷行
裝　　　訂／建鑫印刷裝訂有限公司
排 版 者／千兵企業有限公司
授 權 者／北京人民體育出版社
初版 1 刷／1994 年（民 83 年）9 月
初版 5 刷／2003 年（民 92 年）7 月

定價／180 元

大展好書　好書大展
品嘗好書　冠群可期

大展好書　好書大展

品嘗好書・冠群可期